〈アクアパッツァ流〉

イタリアンを極める
日髙シェフの
おいしい理由

日髙良実
リストランテ アクアパッツァ

Ristorante ACQUA PAZZA

イタリアンの楽しさ、おいしさを
伝え、皆さんと共有したい

Prologue

　シェフになって35年、この間にさまざまなテーマで書籍を出版する機会を
得ました。今回、本書では、これまでと大きく趣を変え、僕のキャリアを振り
返る形でその時々にちなむ料理で構成しています。イタリアンへの一歩を踏
み出した東京・銀座の「りすとらんて・はなだ」に始まり、イタリアへ渡って
からの3年間にお世話になった14軒のレストランでの修業時代。僕の土台
を作ってくれたこの期間に出合った料理の数々を1章の柱とし、2章では現
在の「リストランテ アクアパッツァ」でお出しし、とくに注力している魚料理
にスポットをあてています。

　僕が修業時代に食べて、作って、見聞きしてきた料理を広く皆さんに公
開するようになったのは、2020年から始めたYouTube「日髙良実のACQUA
PAZZA チャンネル」がきっかけです。日本の素材で、家庭でも作れるレシピと
いうコンセプトで考えた時、40年近くも前に教わった「はなだ」の料理や、
イタリアのあちこちで出合った郷土料理がぴったりだと感じたからです。記憶
の中の味をたどり、新たに調べ直してみると、今の自分ならこうする、こうし
てみたいというアイデアも湧いてきます。単に懐かしく振り返るのではなく、レ
シピを再構築して新しい感覚で送り出すことができることにも気づきました。

　イタリアの伝統料理と言われるものも、時代の影響を受けながら少しずつ
形を変え、受け継がれ、現代に至っています。僕がYouTubeや書籍で語り
継いでいくこともひとつの記録となり、イタリア料理のこれからに貢献できれば
という思いがあります。

　修業時代、イタリアの家庭料理や地方料理に触れて思ったのは、残って
きただけの理由があるということ。究極のところ、おいしいからです。僕たち
外国人には異文化を知る楽しさもある。僕の知る限りのイタリアを伝え、多く
の方々に共有してもらうことが、これから僕が担う役目だと思っています。

Yoshimi

日髙良実

東京・南青山「リストランテ アクアパッツァ」オーナーシェフ。1986年にイタリアに渡る。ミラノやフィレンツェのミシュラン名店で働き、当時のトップシェフの薫陶を受けた後、イタリア郷土の味を研鑽すべく北から南まで14軒で修業。帰国後、1990年に独立。日本イタリア料理界を牽引するシェフとして活躍し、魚介や野菜など日本の素材の持ち味を活かしたイタリア料理を提唱。2020年、コロナ禍による新たな生活様式のなかで、料理の動画発信の可能性に目覚め、YouTube「日髙良実のACQUAPAZZAチャンネル」をスタート。毎週金曜にアップされる動画番組のチャンネル登録者数は現在18万2000人。おうちイタリアンの伝道師としてリスペクトされている。日髙シェフのもとで料理やサービスのスタッフとして共に働いたOB、OG、約100名は、現在全国で活躍中。イタリア料理業界では「日髙学校」とも呼ばれている。

1957年10月4日生まれの天秤座。血液型はO型。座右の銘は「千里の道も一歩から」。最初の就職先、神戸ポートピアホテル「アラン・シャペル」で、当時の上柿元勝料理長がシャペル氏の著書にサインして渡してくれたメッセージ。「器用ではない僕に、修業の取り組み方を指し示してくれた。この言葉をいつも心に留めて努力してきた」と振り返る。

Hidaka

魚介料理は日々の入荷次第でレシピも変わる。夜はコース以外にアラカルトにも応じる。好みの調理法など相談しながらメニューを決める楽しみも。

「リストランテ アクアパッツァ」料理長の川合大輔さん。厨房スタッフを指導しながら、季節ごとのスペシャリテのクリエイションも担う。日髙シェフの片腕として活躍中。

木彫のヒラメが印象的、店名を描いたパネルは1990年に西麻布で開店以来のもの。創業から34年、その間、2回引っ越しがあり現在に至るが、これだけは変わらない。現在もアクアパッツァのバーカウンターの上に鎮座するいわば守護神。

Ristorante Acqua Pazza,

イイダコ。魚種豊かな日本ならではの旬の味をイタリアンのメソッドで。

「日髙良実のACQUAPAZZAチャンネル」では店のスタッフも大活躍。動画でもおなじみの厨房で、左は川合シェフ、右手前は濱田翔希さん、奥は田中大晴さん（写真p.4下段も）。

コロナ禍の期間は、衛生優先のセッティングや空調にこだわった。2024年秋、ディナーと週末のランチの食卓にテーブルクロスが復活した。

Tokyo

ランチタイムの準備中。右から支配人の瀬川健二さん、マネージャーの杉澤健太さん、ソムリエの鈴木貴博さん。厨房とホールの息の合った連携も人気。

厨房には魚介と旬の野菜が日々入荷される。夏の終わりはきのこ、ポルチーニ茸とジロール。定番料理と季節感あふれる料理とが求められる。

目次

2 Prologue イタリアンの楽しさ、おいしさを伝え、皆さんと共有したい
Yoshimi Hidaka

1章

11 伝えたいレシピがある歓び
僕の好きな料理

12 日高シェフ、イタリアンへの道 ｜ルイジさんとの出会い｜
15 トマトのライス詰め、オーブン焼き
16 なすのソテー、オレガノとにんにく風味
18 いわしのオレガノ風味
20 輪切りいかのフライ
21 いかとグリーンピースの煮込み
22 車夫風スパゲッティ
23 サーモン入りウイスキー風味のスパゲッティ
26 ペンネの鶏レバーソース
28 生たらの漁師風
29 さばのギリシャ風
32 めかじきのソテー、ケイパー風味
34 豚レバーのソテー、マルサラ酒とセージ風味
35 豚肉ときのこのマルサラ風味
38 酔っぱらいポーク
40 鶏もも肉のカレークリーム煮、マッシュルーム添え

42 日高シェフ、イタリアンへの道
Firenze フィレンツェ ｜ミシュランに輝く名門エノテーカ ピンキオーリでの思い出｜
44 Milano ミラノ ｜希代のシェフ・マルケージの厨房でヌオーヴァ・クチーナの洗礼を受ける｜
46 Mantova マントヴァ ｜ダル・ペスカトーレで学んだイタリアンの豊かさと地方性｜
48 日本の素材で「ダル・ペスカトーレ」の味を
いさきのカルピオーネ

50	野菜のコントルノ3種　ズッキーニのミント漬け／パプリカの酢漬け／しいたけの網焼き
52	サラメ・フレスコを楽しむ
	サラメ・フレスコのパニーノ／脱穀人風のリゾ／自家製ミートボールと野菜の炒めもの
56	太刀魚のリゾット
	とても軽く仕立てたじゃがいものニョッキ、トマトソース
57	ビゴリのトマトと野菜のソース
	ビゴリのアンチョビバター
60	サーモンのマントヴァ風ソース
61	鶏ささみ肉、にんにくとパセリ風味

64	日高シェフ、イタリアンへの道 ｜ イタリア滞在3年間でリストランテ14軒、8つの州を巡る ｜
	イタリア、地方の味わい《Antipasto》
66	ピエモンテ州　バーニャカウダ
68	ヴェネト州　いわしと玉ねぎのイン・サオール
70	エミリア＝ロマーニャ州　ニョッコ・フリット
72	トスカーナ州　パンツァネッラ
74	トスカーナ州　鶏レバーとトマトのブルスケッタ
76	マルケ州　オリーブの詰めもの、アスコリ風
78	シチリア州　カポナータ
80	シチリア州　いわしのアーモンド衣焼き
82	シチリア州　アランチーニ

	イタリア、地方の味わい《Primo Piatto》
84	ロンバルディア州　ピッツォッケリ
86	エミリア＝ロマーニャ州　生ハム、パルミジャーノ、バルサミコ酢のペンネ
88	トスカーナ州　アクアコッタ／チポッラータ
90	トスカーナ州　リコッタとほうれん草のニョッキ、海老とトマトのソース
92	カンパーニア州　レモンのスパゲッティ
94	カンパーニア州　小さなニョッキ、魚介ソース
96	プーリア州　ブロッコリのオレッキエッテ
98	ラツィオ州／アブルッツォ州　ブカティーニのアマトリチャーナ
100	シチリア州　スパゲッティ・カレッティエーラ／ケイパーペーストのスパゲッティ

イタリア、地方の味わい《Secondo Piatto》

102	ピエモンテ州	グリッシノーポリ
103	ロンバルディア州	ミラノ風カツレツ
103	エミリア＝ロマーニャ州	ボローニャ風カツレツ
106	ヴェネト州	たらの牛乳煮
108	トスカーナ州	鶏もも肉の黒オリーブ煮
110	トスカーナ州	牛ロースステーキ、白いんげん豆のトマト煮
112	トスカーナ州	豚肉のソテー、キャベツとサルシッチャ
114	ラツィオ州	仔羊のカッチャトーラ
116	ラツィオ州	鶏肉とパプリカの煮込み、ローマ風
118	シチリア州	ポルペッテのアグロドルチェ
120	シチリア州	めかじきのソテー、美食家風
122	シチリア州	真鯛のハーブ塩焼き
124	イタリア、地方の味わい番外編	鶏胸肉のピカタ
126	日高シェフ、イタリアンへの道	｜アクアパッツァを作り続けて｜

2章

127 リストランテ アクアパッツァの魚介料理スペシャリテ

Antipasto アンティパスト

128 お刺身好きの日本人にこそ食べてもらいたいイタリア式魚介の一皿

Carpaccio カルパッチョ

130	真鯛のカルパッチョ、レフォールソース
131	さばのマリネ、ハーブオイル
132	いわしのマリネ、ねぎソース
134	海老とオレンジのマリネ、フェンネルソース
135	帆立貝とカルチョフィのマリネ、ミントと黒こしょうの香り

136	かつおのたたき、トマトとマジョラムのソース
138	帆立貝、オクラ、ケイパーのタルタル
139	まぐろのタルタル、卵黄とトリュフオイル
139	真鯛とフレッシュトマトの冷製パスタ

Insalata インサラータ

140	海の幸のサラダ
142	やりいかのボイル、サラダ仕立て
143	たこの燻製と黒オリーブ
144	穴子のグリル、焼きなすのピュレ、わさび風味

Fritto フリット

146	魚介のフリットミスト
148	帆立のフリット、やまいものピュレ添え
150	あじフライ 桜海老とフレッシュトマトのソース、ミント風味 サルサ・ピエモンテーゼ、パセリ風味

Pasta パスタ

152	スパゲッティのヴォンゴレ・ビアンコ
156	パスタ・コン・レ・サルデ
158	うにのスパゲッティ
160	からすみのスパゲッティ、焦がしバターソース
162	パッケリのペスカトーレ
164	フェデリーニの冷製ペスカトーレ
166	鮎と枝豆のフェデリーニ、ジェノヴェーゼソース

Risotto リゾット

168	海老とグリーンピースのリゾット
170	かきのリゾット
172	いかすみのリゾット

Secondo Piatto セコンドピアット

- 174 金目鯛のアクアパッツァ
- 178 あじと野菜のアクアパッツァ
- 180 金目鯛のヴァポーレ、オルツォット仕立て
- 182 鮮魚のソテー、サフラン風味の魚介のスープ仕立て、クスクス添え
- 184 いさきのムニエル、ケイパーとレモンのソース
- 186 かますの香草焼きと焼き野菜
- 188 かれいとじゃがいものオーブン焼き

- 190 INDEX 料理索引

本書のルール

● **計量について**
小さじ1=5ml、大さじ1=15ml、1カップ=200ml

● **材料について**
- E.V.オリーブオイルはエクストラ・ヴァージン・オリーブオイルの略。
- 揚げ油は、なたね油、ひまわり油、紅花油、サラダ油、太白ごま油など植物油をお好みで。
- バターは食塩不使用。速く均一に溶けるよう、小角切りにして使う。
- 生クリームは乳脂肪分40%前後のものを。
- パスタのゆで時間は袋の表示を目安に、2分程度の時間調整で好みの硬さ、柔らかさにしてもよい。最近のパスタ製品は「標準ゆで時間」と「アルデンテのゆで時間」が併記されているものがあるので、お好みで選択を。
- 米は日本米、イタリア米(カルナローリ種)のどちらでも。日本米は粘りや水分が少なめのものが向く。
- ホールトマト(缶詰)は説明のない限り、事前に泡立て器などでつぶして使う。ダイストマト(缶詰)や、完熟の生トマト(皮を湯むきして種を取る)でもよい。
- にんにくは大小あるので、平均的な大きさを1片と表記。みじん切りを使う場合、生を刻んだものでもよいし、店で利用している「にんにくのオイルマリネ」(ひたひた以上のE.V.オリーブオイルに漬けたもの)を事前に用意して使うのもおすすめ。
- パセリはイタリアンパセリ、カーリーパセリ(縮みパセリ)のどちらでも。イタリアでは平葉のイタリアンパセリしか使わないが、独特の香りはカーリーパセリのほうが強いので、風味を効果的に利用するため、店では以前よりもカーリーを使う頻度を高めている。イタリアンパセリは旬の夏場に使うことが多い。
- パルミジャーノはパルミジャーノ・レッジャーノの略。説明のない限り、すりおろした粉状のもの。
- こしょうは白こしょうのこと。黒こしょうと使い分けている。
- 塩は分量調整のしやすい、さらさらした焼き塩タイプがおすすめ。塩味は材料の下味や調理の途中でつけるが、仕上がりの時点でも必ず味見をして、足りなければ補う。
- 貝類(あさりなど)は事前に砂抜きをしておく。

● **機器について**
- オーブンは機種により性能に差があるので、表記した温度や時間は目安に。
- 温かい料理を盛る器は、事前に湯を張ったり、湯で洗ったりなどして温めるとよい。

● **QRコードについて**
1章掲載のQRコードは動画サイト「日髙良実のACQUAPAZZAチャンネル」に参考レシピがあるものです。スマートフォンで読み取り、調理工程の目安にしてください。材料や分量などは掲載レシピと違っている場合もあります。

1章

伝えたいレシピがある歓び
僕の好きな
料理

毎日のおうちごはんに作ってほしいイタリアンです。
日本で、イタリアで、僕が教わってきた大切で大好きな料理。
皆さんと、このおいしさを共有したいと思います。

日高シェフ、イタリアンへの道

ルイジさんとの出会い

自分の居場所がイタリアンと気づくまで

　調理師学校時代から始まる僕の料理人ヒストリー。実は、若い頃の僕はイタリアン一筋の青年ではありませんでした。フランス料理にも興味やあこがれがあり、あっちへこっちへと2つの世界を揺れ動き、腰が据わっていなかった。でも、振り返れば、いろいろな世界に足を踏み入れながら、自分の居場所——心から夢中になれるものを必死に見つけ出そうとしていたのだと思います。

　学校では、イタリア料理の専攻科を選んだのですが、アルバイト先はフランス料理店。その流れで同店に就職。しかし数年後に、新規開業する神戸ポートピアホテルに「アラン・シャペル」が入ると聞き、迷わず面接を受けました。フランスの偉大な三ッ星レストランの系譜で働けることは名誉だし、緻密なテクニックが構築された、奥深く非日常的な世界も魅力でしたから。結果は無事採用。しかし、一方でイタリアンも覗いてみたいと欲が出ました。正式採用までの短期間、地元の名店「ドンナロイヤ」でアルバイト。結果的にこの体験が、のちに僕の人生の選択を決定づけることになります。

　アラン・シャペルでは経験の乏しさからずいぶん苦労し、辛酸をなめながらも2年半でなんとか人並みの仕事ができるようになりました。フランス料理の高度な技術や美しさは感動するほどでしたが、ただ心の奥で、もやもやがあったのも事実。自分が本当にやりたいこと、突き詰めたいことはこれなのかと。その時、ドンナロイヤでまかないに出してくれていたパスタ、とくに「カルボナーラ」のおいしさがよみがえったんです。毎日でも食べられる、毎日食べ続けても全然飽きない。そんなおおらかで自然体の料理が自分の性分に合っている。そう気づいた僕は、アラン・シャペルをきっぱりと辞めて、東京のイタリアンレストラン「りすとらんて・はなだ」へ。もう迷いはありませんでした。

祖父と。どうやら誕生日だったようでお祝いのデコレーションケーキの傍らには鯛の尾頭付きの皿が並ぶ。

高校時代はバンドに夢中でベース担当。大学受験に失敗して料理の道へ。日本調理師専門学校に在学中もバンド活動を続け、料理一筋というわけではなかった。

卵黄と
生クリームで作る
カルボナーラ

日髙シェフがイタリアンに進むきっかけになったパスタ料理。アルバイト先のまかないで食べたカルボナーラは「毎日食べても飽きないと思わせた」。生クリームを加える調理法が当時のレストランの主流で、なめらかでコクのある濃厚な味。

器／火風水 hifumi

料理の道をフレンチから
イタリアンへと舵切りした時期

神戸のホテルに採用され、名門フレンチに配属されるが、イタリア料理を志し、東京・銀座の「りすとらんて・はなだ」へ。シェフのルイジ・フィダンザさんに師事した。写真は「りすとらんて・はなだ」の厨房で。左端は、「リストランテ　アクアパッツァ」開店当初に右腕として活躍した佐粧雅彦氏（現・「クチネッタ」〈大阪・枚方市〉）。

13

日髙シェフ、イタリアンへの道

僕の歩む方向を指し示してくれた
恩人ルイジさん

「りすとらんて・はなだ」は、政財界や芸能界などにも顧客の多い、華やかな社交場のようなレストランでした。シェフはイタリア人のルイジ・フィダンザさん。面接日の帰路、彼のムックを新幹線車内で開いた時に、「こんなにも料理は自由でいいんだ」と心が解放される気分でしたね。

フランス料理から移って最初に感じたのは、温かくやさしい味。ルイジさんは海軍の調理部出身ですが、根底にあったのは、料理上手なおばあちゃんから教わったり、食べさせてもらったりした家庭料理です。何を食べても心がほっこり温まる感覚でした。フレンチの星付きレストランと違ってソースをきれいにつなぐことはしないし、ゆでおきパスタが当たり前だったものの、なじみがよくおいしくてほっとする。

店には出身地のアブルッツォ州の料理はもちろん、バラエティに富んだイタリア全土の料理がありました。今僕は、これらを次世代につなげたいとの思いもあり、現代の感覚を取り入れながらYouTubeで紹介しているのですが、人気が高いです。こんな料理があったなあと、昔を懐かしむ目で作っているのですけど、時代を超えた普遍的なおいしさ、心に響くものがあるのでしょうか。

ルイジさんはニコニコしながら、鼻歌交じりに料理を作るのが常で、お客さまもカウンター越しにそんな姿を見て楽しそうに食事をする。こんなところにも、レストランっていいなと心温まる思いがしましたね。

いつも傍らで、たくさんのことを教えてもらった2年間。ルイジさんとは同じ寮に住んでいたので、深夜にわたってお酒を飲み、料理のこと、イタリアのことなど山のように聞かせてもらいました。現地を見てみたいとのあこがれが生まれ、それがいつしか現地を見なければとの使命へ変わっていきます。オーナーの花田美奈子さんのつてをたどり、28歳でイタリアへの一歩を踏み出すことになりました。

ルイジ・フィダンザさん。1920年、イタリア・アブルッツォ州オルトーナ生まれ。地元の料理学校を卒業後、海軍に従軍して神戸で除隊。その後、京都・東京など日本各地で料理人として働く。(写真：小川勝彦)

「りすとらんて・はなだ」シェフ、ルイジさんの料理ムック『日本の素材 イタリア料理』シェフシリーズ8号 中央公論新社(1982年刊行)。

ルイジさんのスペシャリテが満載の上記ムックの誌面。日髙シェフは当時習ったレシピを残したいとYouTubeで紹介。反響に手応えを感じている。

Pomodori ripieni di riso
トマトのライス詰め、オーブン焼き
…▶ 作り方はp.17参照

恩師ルイジさんのレシピから

器／火風水 hifumi

Melanzane alla rustica
なすのソテー、オレガノとにんにく風味

「はなだ」で人気だった料理です。シンプルの極みですが、オレガノが放つ香りの
インパクトが強く、「あー、これがイタリアの味なんだ」とまだ見ぬイタリアを夢見たものです。
なすは少し大きめに切って存在感を強め、オレガノを思いっきりきかせてください。

材料（4人分）
なす ── 2本
にんにく（みじん切り） ── 1片分
ホールトマト（缶詰） ── 200g
トマト（皮と種を取り、角切り） ── 2個分
オレガノ ── 小さじ1
パセリ（みじん切り） ── 大さじ1
塩、黒こしょう ── 各適量
E.V. オリーブオイル ── 適量

作り方
1 なすはヘタを取り、2cm角に切る。

2 フライパンにE.V. オリーブオイル大さじ2〜3を入れて強火にかけ、なすをしんなりするまでよく炒める。塩をふる。
- なすは油の吸収が早いので、追加で油を入れたくなるが、強火で一気に炒めるのがコツ。

3 にんにくをフライパンの隅に入れて火を入れ、オレガノをふって、なすと炒め合わせる。2種類のトマトを加えて強火のまま一気に炒める。
- オレガノは手のひらでこすりながら入れるのがイタリア式。こすれて香りがより立ってくる。

4 トマトがくたっとしてきたら、塩、黒こしょうをふり、E.V. オリーブオイル、パセリを入れて炒め合わせる。

Pomodori ripieni di riso
トマトのライス詰め、オーブン焼き ─ p.15

ルイジさんが子どものころ、おばあちゃんがよく作ってくれた料理と聞きました。
いつも懐かしそうに作っていましたが、家庭の温かみを感じさせるんです。
焼きたてにチーズをふるのもいいし、冷たくしても味が締まっておすすめです。

材料（4人分）
トマト（桃太郎サイズ） ── 4個
米 ── 75g
にんにく（みじん切り） ── 少量
パセリ（みじん切り） ── 大さじ2
玉ねぎ（みじん切り）
　── 大さじ6（90g）
玉ねぎ（輪切り） ── 4枚
塩 ── 適量
E.V. オリーブオイル ── 大さじ3

作り方
1 米を1回水洗いしてザルに上げておく。

2 トマトはヘタを取り、その面を下にする。トップを水平に厚さ1cm強に切り、蓋にする。トマト本体は果肉の内側にペティナイフでぐるりと切り目を入れ、中央に十字の切り込みを入れる。中身をスプーンでくりぬいてザルにとり、水分を少々きってから、包丁でたたいて細かくする。
- トマトの水分はきり足りないとでき上がりが水っぽくなり、逆にきりすぎると米が柔らかくならず、火が入らないので加減に注意。

3 ボウルにたたいたトマト、米、にんにく、パセリ、みじん切りの玉ねぎを入れ、塩とE.V. オリーブオイルを加えて混ぜる。器となるトマトに7分目まで詰め、トマトの蓋の内側に塩をふってのせる。
- 火が入ると米が膨らむので、トマトに目いっぱい詰めない。

4 耐熱容器に玉ねぎの輪切りを並べ、**3**のトマトを1個ずつのせる。200℃のオーブンで20分焼き、取り出して粗熱をとりながら余熱でも火を入れる。

恩師ルイジさんのレシピから

Sardine all'origano
いわしのオレガノ風味

いわし料理が好きだったルイジさん。これは「はなだ」の看板料理のひとつでした。表面にかけるハーブ入りのパン粉は、ローズマリーやオレガノをたっぷり使ってこそ生き生きしてきます。作ってすぐでも、冷蔵庫で冷やして1～2日後でもおいしいです。

材料（4人分）

- いわし（三枚おろし）…… 4尾分
- にんにく（みじん切り）…… 1片分
- A
  - オレガノ …… 大さじ1/2
  - パセリ（みじん切り）…… 大さじ2
  - ローズマリー（みじん切り）…… 1/2本分
- パン粉* …… 大さじ3
- E.V. オリーブオイル …… 適量
- 白ワインビネガー …… 大さじ2
- 塩 …… 適量

*パン粉／イタリアでは目の細かいパン粉を使う。日本のものは目が粗いので、ポリ袋に入れ、めん棒を転がして細かくする。ミキサーでは細かくなりすぎるので、めん棒方式がおすすめ。

作り方

1 いわしの両面に塩をふる。

2 ボウルにパン粉、にんにく、ハーブAを合わせ、E.V. オリーブオイル大さじ2を加えてよく混ぜる。
- オレガノは手のひらでもんで香りを立たせて入れるのがイタリア流。

3 耐熱容器にE.V. オリーブオイルをひき、いわしの皮を上にして並べる。いわしが隠れるまで**2**のミックスパン粉で覆い、E.V. オリーブオイルを適量垂らす。

4 200℃のオーブンで15分焼く。フライパンに取り出して強火にかけ、白ワインビネガーをふりかけて強い酸味を飛ばして火からおろす。

盛り付け

形を崩さないように皿に盛る。

Mini Column

焼いただけでもよいですが、レシピで紹介したようにオーブンから出したものを火にかけ、ビネガーをふりかけてちょっと煮詰めるのがルイジさん流。ほかの料理でもそんな調理法が多かったです。酢は味を引き締め、臭みなどを飛ばしてくれますからね。オリーブオイルをたっぷりかけて焼くのもルイジさん好みでしたが、これは現代の嗜好に合わせて抑え気味がいいでしょう。

恩師ルイジさんのレシピから

いかの料理から2品。揚げものは下味にパプリカパウダーをつけるところがおもしろいです。風味の違いで印象が変わり、ただのフリットではなくなりますよ。
煮込みはいかも豆も色がくすむくらい、しっかり煮込むのがコツ。断然味がよくなります。

Calamari fritti
輪切りいかのフライ

材料（4人分）
- やりいか —— 大2杯
- にんにく（すりおろし） —— 大さじ1
- パプリカパウダー —— 大さじ1/2
- 塩、こしょう —— 各適量
- 薄力粉 —— 少量
- 揚げ油 —— 適量

仕上げ
- レモン（厚切り） —— 適量

作り方
1 いかはペーパータオルで水気をしっかりと拭き取る。胴部は幅広の輪切りにし、脚は3等分くらいにする。

2 ボウルにいかの身と脚を入れ、塩、こしょう、にんにく、パプリカパウダーをふって和える。薄力粉をまぶしてざっくりと混ぜる。

3 170℃前後の揚げ油でいかを揚げる。香ばしく色づいたら取り出して、ペーパータオルで油をきる。塩をふる。
- 水分の跳ねる音が小さくなった時が、揚げ上がりのサイン。

盛り付け
器に盛り、レモンを添える。

いかの下処理
- いかの胴部に指を入れ、ワタがつながっている部分をはずしてワタと脚を取り出す。脚を氷水の中で洗いながら、墨袋、目、くちばしを除き、目のあったすぐ上で切り落とす。胴部もきれいに水洗いして軟骨をはずし、皮をむく。

Seppie in umido con piselli freschi
いかとグリーンピースの煮込み

材料（2〜3人分）
- いか（むき身）* —— 150g
- グリーンピース（冷凍） —— 100g
- 玉ねぎ（みじん切り） —— 1/6個分
- にんにく（みじん切り） —— 1片分
- 赤唐辛子 —— 1本
- 白ワイン* —— 70ml
- 湯 —— 1カップ
- 塩 —— 適量
- E.V. オリーブオイル —— 適量

*いか／種類はお好みで。するめいか、やりいか、もんごういかなど。
*白ワイン／日本酒に代えてもOK。昆布や醤油を加えて和風にするのもおすすめ。

作り方
1 いかの胴部やえんぺらは約1cm幅に、脚は食べやすい長さに切る。

2 鍋にE.V.オリーブオイルをひいて中火にかけ、玉ねぎを炒める。火が通ってきたらにんにくを入れて炒め、香りが出たら赤唐辛子といかをすべて入れて炒める。
- やりいかはすぐに柔らかくなるが、するめいかはいったん硬く締まったあとで柔らかくなっていくので、よく炒める。

3 白ワインを加えて煮詰め、アルコール分が飛んだらグリーンピースを加えて炒める。油が回ったら湯を注ぎ、20〜30分煮込む。途中で赤唐辛子を取り除き、塩で味をととのえる。
- 水分が多い場合は蓋をせず、少なめなら蓋をして煮込む。

盛り付け
器に盛り、E.V.オリーブオイルを垂らす。

恩師ルイジさんのレシピから

Spaghetti alla carrettiera
車夫風スパゲッティ

…> 作り方はp.24参照

Spaghetti al whisky
サーモン入りウイスキー風味のスパゲッティ
作り方はp.25参照

恩師ルイジさんのレシピから

Spaghetti alla carrettiera
車夫風スパゲッティ

時間のない忙しい馬車引きが考えたという、簡単に作れるパスタです。原形はシチリア州のオイルベースのシンプルなものですが（p.100）、土地によって材料の使い方が変化。ルイジさんのはトスカーナ風で、トマト、きのこ、ツナが入り、ボスカイオーラに似ています。

材料（1人分）

スパゲッティーニ —— 80g
塩 —— ゆで汁用の湯の1%

ベーコン*（棒切り）—— 45g
しいたけ（厚切り）—— 60g
にんにく（みじん切り）—— 少量
トマトソース（p.83）—— 125g
ツナ —— 1缶（70g）
パルミジャーノ —— 適量
パセリ*（粗みじん切り）—— 適量
E.V. オリーブオイル —— 適量
塩 —— 適量

仕上げ
パセリ（みじん切り）—— 適量

*ベーコン／薄切りベーコンを使う時は幅広にカット。パンチェッタやグアンチャーレ（豚ほほ肉の塩漬け）なら、よりおいしい。

*パセリ／もともとは、その場で手に入る野生のルーコラやよもぎなど、香りのある野菜を使っていたそう。お好みでどうぞ。

作り方

1 鍋に湯を沸かし、塩を入れてスパゲッティーニをゆで始める。

2 フライパンにE.V. オリーブオイルとベーコンを入れ、中火で炒める。表面がカリッとしてきたら、しいたけを加え、ベーコンの旨みを含ませるようにからめながら炒める。

● ベーコンは脂を引き出しながら、薄く色づいてカリカリになるまで炒める。この工程ができ上がりのおいしさに直結。

3 フライパンを火からはずし、にんにくとE.V. オリーブオイル少量を1か所に入れて炒め、淡く色づいて香りが出てきたら全体に混ぜる。スパゲッティーニのゆで汁少量でのばし、中火にかけて沸かす。トマトソースを加えて軽く煮詰め、ツナを入れて軽く煮る。

● にんにくを入れるタイミングはベーコンがよく炒まってから。軽く炒めて香りを出すのがポイント。また、ルイジさんはブイヨンを入れていたが、パスタのゆで汁で充分。

4 3に、湯をきったスパゲッティーニを入れてよく混ぜる。ゆで汁少量でのばし、塩、パルミジャーノを加えてよく混ぜる。最後にパセリを混ぜる。

盛り付け
器に盛り、パセリをふる。

Spaghetti al whisky
サーモン入りウイスキー風味のスパゲッティ

料理にワインやブランデーはよく使いますが、ウイスキーはちょっと驚きでしょう。でもクリームとの相性は抜群で、樽香の香ばしさが加わり、香りやコクが深まって大人の趣。「はなだ」の調理場にウイスキーは常備されていて、個性派の人気パスタでした。

材料（1人分）

スパゲッティーニ ── 80g
塩 ── ゆで汁用の湯の1％

生鮭（皮なし） ── 100g
ブラウンマッシュルーム（厚切り） ── 4個分
ウイスキー ── 60ml
生クリーム ── 125ml
パルミジャーノ ── 適量
バター ── 20g
塩、こしょう ── 各適量
仕上げ
黒こしょう、パセリ（みじん切り） ── 各適量

作り方

1 鮭をひと口大に切り、塩、こしょうをふってなじませる。

● 皮を引く時は、皮を下にして置き、身と皮の境に刃を入れて、包丁は固定したまま皮を引っ張りながら左右に動かす。簡単にきれいに皮が取れる。

2 鍋に湯を沸かし、塩を入れてスパゲッティーニをゆで始める。

3 フライパンにバターを入れて中火にかけ、溶けてきたら鮭とブラウンマッシュルームを入れて炒める。鮭に火が入ってきたら身をほぐすようにして、香ばしく炒める。塩をふる。

● 鮭を香ばしく焼けば独特の臭みが消える。ルイジさんはかなりしっかり炒めていたが、鍋に身がくっつきやすいので少し手前の加減で。

4 フライパンを火からはずしてウイスキーを入れ、再度火にかけてフランベする。

● ウイスキーはアルコール度数が高く、鍋中にすぐに火が入って燃えるので、必ず火からはずして入れる。フランベしてアルコールを燃やすと酒の香りと旨みが残る。

5 生クリームを入れて少し煮詰め、塩で味をととのえる。

6 スパゲッティーニの湯をきって入れ、ゆで汁で濃度をととのえ、塩を加えて和える。パルミジャーノを入れたら火からはずし、和える。

● 煮汁の濃度や味の加減で、生クリームをさらに足してもよい。

盛り付け

器に盛り、黒こしょうとパセリをふる。

恩師ルイジさんのレシピから

26　器／火風水 hifumi

Penne ai fegatoni di pollo
ペンネの鶏レバーソース

鉄分たっぷりの濃厚パスタ料理です。昔は質の良いレバーが少なかったので、ルイジさんは牛乳に浸けたり、時間をかけて煮たりと工夫していましたが、今は短時間でおいしくできます。改めて気づいたのは、マッシュルームの旨みが加わると1＋1が3になる、そんな驚きのおいしさです。

材料（2人分）

ペンネ —— 100g
塩 —— ゆで汁用の湯の1％

鶏レバー* —— 150g
玉ねぎ（みじん切り） —— 30g
マッシュルーム（薄切り） —— 30g
マルサラ酒* —— 50ml
白ワイン —— 適量
バター —— 45g
E.V. オリーブオイル —— 適量
薄力粉 —— 適量
塩、こしょう —— 適量
仕上げ
パセリ（みじん切り） —— 適量

＊鶏レバー／ハツ（心臓）付きもOK。
＊マルサラ酒／酒精強化ワインのひとつ。辛口（ドライ）と甘口があり、同量ずつ使ったが、どちらか1種類でも。レバーはとくに、甘みのきいた酒が入ると味に深みが増す。

鶏レバーの下処理

レバーを小さめのひと口大に切り、スジや血の塊があれば取る。ハツが付いている場合は、脂を取り、縦に切り開いて中に血の塊があれば除く。

- 多少、血が残っていてもそれはそれでおいしい。昔はレバーを牛乳に浸して臭みを抜くのが普通だったが、現在は新鮮なものが手に入るのでその必要はない。

作り方

1 レバーはペーパータオルで水気を拭き取り、塩、こしょう、薄力粉をまぶす。ザルに上げて余分な粉を落とす。

2 鍋に湯を沸かし、塩を入れてペンネをゆでる。

3 フライパンを中火にかけ、バター15gでレバーを炒めて焼き色をつける。余分な油をペーパータオルで拭き取り、マルサラ酒を入れて煮詰める。

4 別のフライパンにバター15g、E.V. オリーブオイル少量を入れて中火にかけ、玉ねぎを炒める。しんなりしたらマッシュルームを加えてさらによく炒める。白ワインを加えてアルコール分を飛ばし、塩味をつける。**3**のレバーに移して混ぜ合わせ、水分がほぼ煮詰まる状態に仕上げる。

5 新しいフライパンにゆで汁少量とバター15gを入れて中火にかけ、溶けてきたら湯をきったペンネを和える。**4**のソースを加えてよく混ぜる。

盛り付け

器に盛り、パセリをふる。

Mini Column

イタリアでの修業中、パスタ料理で印象的だったのがバターの使い方。ゆで上がったパスタをソースと直接和えるのではなく、まずパスタをバターと和えてから器に盛り、そこにソースをかけるのです。スパゲッティ・ボロニェーゼのようなパスタ料理もそう。お客さまが自分で混ぜて食べるんですね。このページのペンネもその方式にのっとったもの。ルイジさんはほかにもトマトのスパゲッティを作るのに、焦がしバターを作ってトマトソースと混ぜてから、パスタにからめたりしていました。バターが入ることで一段とコクが加わります。

恩師ルイジさんのレシピから

Merluzzo alla marinara
生たらの漁師風
…▶作り方はp.30参照

恩師ルイジさんのレシピから

Merluzzo alla marinara
生たらの漁師風

イタリアはたらの料理が豊富。多くはバッカラ料理ですが、日本では生のたらで代用します。これはこれで美味。漁師風はホールトマトの形を残すように煮込むのが特徴で、トマトの濃厚な味わいがアクセントになります。ルイジさんは40分煮ましたが、現代なら15分で充分。

材料（2人分）

生たら*（切り身）── 2枚
玉ねぎ（みじん切り）── 40g
にんにく（みじん切り）── 1片分
白ワイン ── 200ml
ホールトマトの果肉（缶詰）── 2個
トマトジュース（缶詰の汁）── 50g
パセリ（みじん切り）── 適量
塩、薄力粉 ── 各適量
E.V. オリーブオイル ── 適量

＊生たら／身が柔らかいので塩で締めて売られていることが多い。甘塩たらを使う場合は塩をふらずに調理。

作り方

1 たらの両面に塩をふり、薄力粉をまぶして余分な粉をはたく。フライパンにE.V.オリーブオイルをひいて中火にかけ、たらの両面を軽く焼いて鍋に移す。

2 1のフライパンに残った油はペーパータオルで拭き取る。E.V.オリーブオイルを少量加え、玉ねぎとにんにくを入れて、たらの旨みを含ませるように軽く炒めて、たらの上にのせる。フライパンに白ワインを入れて沸かし、旨みを溶かしてたらにかける。

● 玉ねぎはたらの旨みを含ませるのが目的なので、完全に火が入るまで炒めなくてよい。

3 ホールトマトは崩さず、形を残すように手で開いて鍋に入れ、トマトジュースも加える。200℃のオーブンで15分煮込む。

盛り付け

器に盛り付け、パセリをふる。

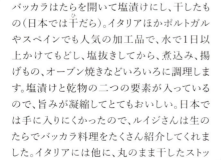

Mini Column

バッカラはたらを開いて塩漬けにし、干したもの（日本では干だら）。イタリアほかポルトガルやスペインでも人気の加工品で、水で1日以上かけてもどし、塩抜きしてから、煮込み、揚げもの、オーブン焼きなどいろいろに調理します。塩漬けと乾物の二つの要素が入っているので、旨みが凝縮してとてもおいしい。日本では手に入りにくかったので、ルイジさんは生のたらでバッカラ料理をたくさん紹介してくれました。イタリアには他に、丸のまま干したストッカフィッソという干だらもあります。

Sgombri alla greca
さばのギリシャ風

ルイジさんの料理の中で、弟子によって作り継がれているもののベスト3に入ると思います。「ギリシャ風」は甘酸っぱい仕立てのものが多く、この料理でも玉ねぎの甘みとレモンやビネガーの酸味をきかせます。「この調理法は、さば以外には向かない」とルイジ語録にあります。

材料（2～4人分）
さば（三枚おろし）── 2枚
玉ねぎ（みじん切り）── 1個分
A* タイム（葉のみ）── 5g
　　バジリコ（粗みじん切り）── 5g
　　セージ（粗みじん切り）── 10g
　　パセリ（粗みじん切り）── 10g
黒オリーブ（粗みじん切り）── 10個分
白ワインビネガー ── 大さじ3
レモン汁 ── 1/2個分
バター ── 10g
E.V.オリーブオイル ── 適量
塩 ── 適量

仕上げ
レモン（くし形切りなど）── 1/2個分

＊ハーブA／フレッシュでもドライでもお好みで。

作り方

1 さばの両面に塩をふり、10分ほどおいて味をしみ込ませる。出てきた水分はペーパータオルで拭く。

2 フライパンを中火にかけてバターと玉ねぎを入れ、軽いあめ色になるまで炒める。
- 味のポイントになるので、よく炒めて甘みを出しておく。

3 2の火を止め、黒オリーブとハーブAを混ぜ、塩を少量加えてさっと混ぜる。

4 耐熱容器にE.V.オリーブオイルをひき、さばの皮を上にして置き、3を表面いっぱいにのせる。200℃のオーブンで20分焼く。
- 蓋をして焼くと風味が濃厚になり、蓋をしなければあっさりした味が楽しめる。蓋をした時は、最後に蓋を取って表面に焼き色をつける。

5 4を中火にかけ、熱いところにレモン汁をかけ、白ワインビネガーをふり入れる。

盛り付け
器にさばを盛り、レモンを添える。

恩師ルイジさんのレシピから

Pesce spada ai capperi
めかじきのソテー、ケイパー風味

南イタリアはめかじきがよく獲れ、料理も変化に富んでいます。ルイジさんが作っていたのは
ケイパーとビネガーの酸味をきかせたさっぱり味。脂がのっている魚なので
酸味があると味が締まります。切り身のままの形でなく、棒状に切って焼くのもルイジさん流。

材料（2人分）

めかじき（切り身） ── 200g
ケイパー（酢漬け） ── 30g
アンチョビのフィレ ── 8g
パセリ（みじん切り） ── 大さじ1/2
白ワインビネガー ── 大さじ1
薄力粉 ── 適量
塩 ── 適量
E.V. オリーブオイル ── 大さじ2

作り方

1 めかじきを太めの棒状に切り分け、バットに入れて塩をふり、薄力粉をまぶす。

2 フライパンにE.V.オリーブオイルをひいて強火にかけ、めかじきをソテーする。

3 焼き色がついたら裏に返して同様に焼き、アンチョビとケイパーを加えて炒め合わせる。

● 強火にかけっぱなしではなく、火口から遠ざけたり近づけたりして火加減を調整しながら炒めるのがコツ。

4 白ワインビネガーを入れて、からめるようにソテーする。最後にパセリをふって混ぜる。

Mini Column

関西に住んでいた頃、めかじきを食べたことは、ほとんどありませんでした。上京して、ルイジさんの店で食べたのが初めてかもしれません。その後シチリアに渡ると、めかじきの消費量の多いことにびっくり。調理法も豊富にあって、アレンジがきく使いやすい魚だと思いましたね。僕は今、「みなと気仙沼大使」を務めているのですが、この町の顔のひとつが、実はめかじき。水揚げ量日本一を誇ります。日本でも良質でおいしいめかじきが食べられるのはうれしいです。

恩師ルイジさんのレシピから

Fegato di maiale alla salvia e Marsala
豚レバーのソテー、マルサラ酒とセージ風味

…▶作り方はp.36参照

Scaloppine al Marsala con funghi
豚肉ときのこのマルサラ風味
…>作り方はp.37参照

恩師ルイジさんのレシピから

Fegato di maiale alla salvia e Marsala
豚レバーのソテー、マルサラ酒とセージ風味

仔牛レバーの料理を、簡単に手に入る豚レバーでご紹介しました。牛や鶏のレバーでも楽しめますよ。甘みのあるマルサラ酒で風味をつける調理法で、レバーの血のにおいをカバーし、旨みを引き立てます。レバー嫌いの人も絶対に虜にしてしまうのは確実ですね。

材料（2人分）

- 豚レバー —— 100g
- 玉ねぎ（薄切り）—— 40g
- ロースハム（短冊切り）—— 50g
- パセリ（みじん切り）—— 10g
- セージ*（みじん切り）—— 2g
- マルサラ酒* —— 100ml
- 薄力粉 —— 適量
- 溶き卵 —— 適量
- 塩、黒こしょう —— 各適量
- バター —— 15g
- E.V. オリーブオイル —— 適量

*セージ／フレッシュの葉ならみじん切りに。ドライでも。

*マルサラ酒／シチリア産の酒精強化ワイン。ルイジさん流にマデイラ酒やポルトなどお好みで。

作り方

1 豚レバーはひと口大に切り、両面に塩、黒こしょうをふる。薄力粉をまぶし、余分な粉をはたいてから溶き卵にくぐらせる。

2 フライパンにE.V. オリーブオイルとバターの半量を入れ、中火にかけて**1**のレバーを焼く。焼き色がついたら裏に返して同様に焼き、バットに移す。

3 フライパンの余分な脂をペーパータオルで拭き、新たにE.V. オリーブオイルと残りのバターを入れて中火にかける。玉ねぎとハムをよく炒め、火が通ったらパセリとセージを加えて炒め合わせる。

- レバーを焼いたあと、鍋底にこびりついている旨みは残してソースに生かす。

4 マルサラ酒を加えて混ぜながら煮詰め、アルコール分を飛ばす。レバーを入れて温める程度に炒め合わせる。

- アルコール度の高い酒をたくさん入れると、フライパンでは火が入って炎が立ちやすくなる。いったん火を止めて酒を加えるとよい。

盛り付け
器にレバーを広げるように盛る。

Mini Column

ルイジさんは当時入手しやすかったマデイラ酒（ポルトガル産）でこの料理を作っていましたが、最近は同タイプのイタリアのマルサラ酒が手軽に買えるので、ぜひ使ってみてください。いろいろな料理に利用できるので重宝しますよ。醸造過程で酒精（アルコール）を添加して発酵を止めるので、ブドウの甘みが残っています。

Scaloppine al Marsala con funghi
豚肉ときのこのマルサラ風味

ルイジさんの作ったこの料理を食べた時、「なんておいしいんだ！」と驚き、感激した皿。本来は仔牛料理ですが、豚ロース肉にも合うんです。きのこのソテーをマルサラ酒で煮詰め、ソテーした肉と合わせたもので、とてつもなく風味がいい。僕のマルサラ料理のベースです。

材料（2人分）

豚ロース肉*（しょうが焼き用）
　　── 6枚（240g）
しめじ* ── 200g
マルサラ酒* ── 200㎖
フォン・ド・ヴォー* ── 大さじ2
パセリ（みじん切り）── ふたつまみ
E.V. オリーブオイル ── 適量
バター ── 適量
塩、黒こしょう ── 各適量
薄力粉 ── 適量

* 豚ロース肉／薄切りの「しょうが焼き用」を使うと、仔牛肉に近い食感が得られる。たたきのばす必要もなく便利。
* しめじ／ほかに、エリンギ、しいたけ、まいたけ、えのきたけでも。
* マルサラ酒／p.36参照。アルコール度数が高いので、たくさん入れるとフライパンでは火が入って炎が立ちやすくなる。高さが8cmほどある鍋を使うとよりよい。
* フォン・ド・ヴォー／缶詰、ペースト、ルウなどを使えば簡単。

作り方

1 鍋にE.V. オリーブオイルとバター少量を入れて中火にかけ、バターが溶け始めたらしめじを手早く炒める。途中で塩をふり、水分を飛ばしながら香りが立つまで炒める。

- 油脂はどちらか一種でも。きのこは油を吸いやすいが、熱い鍋で手早く炒めれば油っぽくならない。

2 いったん火を止めてマルサラ酒を入れ、しばらく煮詰めてアルコール分を飛ばす。フォン・ド・ヴォーも加えて混ぜ、火を止めておく。

3 豚ロース肉は縮まないよう、脂身の部分に数か所切り目を入れる。両面に塩、黒こしょうをふり、薄力粉をまぶし、余分な粉を落とす。

4 フライパンにE.V. オリーブオイルをひいて中火にかけ、豚肉の両面を薄く色づく程度に焼く。**2**のしめじのソースを加える。水分が足りなければ、水少量（分量外）を入れてのばし、豚肉にからめながら煮る。途中で塩をふって味をととのえ、仕上げにバターとパセリを入れて混ぜる。

Maiale ubriaco
酔っぱらいポーク

豚肉の赤ワイン煮です。ワインでぐらぐら煮ているさまは、いかにも「酔っぱらい」風。
でも煮ている間にアルコール分が飛び、酸味、旨みがしみ込みます。
ルイジさんはロース肉でしたが、早く柔らかくなるバラ肉が作りやすいです。
見た目ほどの脂っこさはありません。

材料（4~6人分）
豚肉＊（ロース肉、またはバラ肉）
　── 500g
にんにく（みじん切り）── 小さじ1
パセリ（粗みじん切り）── 大さじ2
タイム（ドライでも）── 2枝
ローリエ ── 2枚
赤ワイン ── 150ml
塩、黒こしょう ── 各適量
E.V.オリーブオイル ── 適量

＊豚肉／厚さ1cmくらいの切り身を使う。

作り方

1 豚肉の両面に塩、黒こしょうをふる。

2 フライパンにE.V.オリーブオイルをひいて中火にかけ、豚肉を焼く。焼き色をつけて裏に返し、同様に焼く。肉から脂が出てきたらペーパータオルで拭き取る。

● バラ肉は脂がたくさん出るので、しっかり取り除く。ただし、鍋底にこびりついた旨みは残してソースに利用する。

3 にんにく、パセリ、タイム、ローリエをふり入れ、赤ワインを注ぐ。一度沸かしてアクを取り、蓋をして弱火で15分煮込む。

● ルイジさんのレシピは煮込み時間が40分だったが、そこまで時間をかけなくても充分。
● バラ肉は煮込み中も脂がたくさん浮いてくるので、レードルですくうか、ペーパータオルで吸い取る。

4 煮上がった時に煮汁が多ければ、蓋をはずして強火で煮詰め、煮汁が肉にちょうどからまる濃度に仕上げる。

● 蓋の密閉度が低いと水分の蒸発が多いので、途中で煮汁が足りなくなった場合は水を適量足す。最後に煮詰めて水分を飛ばすとソースに香ばしさが出て、おいしさが増す。

恩師ルイジさんのレシピから

Pollo al curry e panna con funghi
鶏もも肉のカレークリーム煮、マッシュルーム添え

どんな鶏肉でも必ずうまく仕上がるのが「カレー味のクリーム煮」とルイジさん。実際は「クリーム風味」くらいの軽さに作っています。スパイシーなカレー粉の風味とトマトの酸味でさっぱり食べられます。フライパンひとつで短時間にできるのもいいですね。

材料（2人分）
鶏もも肉 —— 1枚（約250g）
マッシュルーム（厚切り） —— 4個分
玉ねぎ（厚切り） —— 1/2個分
白ワイン —— 50ml
ホールトマト（缶詰） —— 100g
生クリーム —— 50ml
カレー粉 —— 小さじ1/2
バター（好みで） —— 20g
塩、こしょう —— 各適量
E.V. オリーブオイル —— 適量

仕上げ
パセリ（みじん切り） —— 大さじ1

作り方

1 鶏肉は皮を下にして置き、スジの多い部分に数か所包丁を入れてスジを切る。両面に塩、こしょうをふる。

2 フライパンにE.V. オリーブオイルをひいて中火にかけ、皮を下にして香ばしい色がつくまで鶏肉を焼く。

- 皮を香ばしく焼くには、ひと口大に切って焼くより、大きな1枚で焼いてから切り分けたほうが、効率的にきれいに焼ける。このあと煮込むので、中まで火を入れる必要はなく、皮目だけを5分ほど焼くだけでよい。

3 鶏肉を取り出し、フライパンに残った脂はペーパータオルで拭き取る。再度E.V. オリーブオイルを入れて強火にかけ、玉ねぎとマッシュルームをしんなりするまで炒める。塩をふる。

4 鶏肉をひと口大に切って入れ、白ワインを注いで煮詰めアルコール分を飛ばす。トマト、生クリーム、カレー粉を加え、時々混ぜながら肉に火を入れる。仕上げに好みでバターを混ぜる。

- 皮側をしっかり焼いているので長く煮込む必要はなく、肉にちょうど火が入るくらいで皿にあげる。

盛り付け
器に盛り、パセリをふる。

Firenze フィレンツェ

日高シェフ、イタリアンへの道

ミシュランに輝く名門
エノテーカ ピンキオーリでの思い出

　緊張と期待を携え、最初に降り立ったイタリアの地はフィレンツェ。修業先は、イタリア料理界の名門「エノテーカ ピンキオーリ」です。店名のエノテーカが示すように、抱えるワインが8万本余という世界でもトップクラスのワインコレクションを誇る名店で、ジョルジョ・ピンキオーリさんが支配人兼ソムリエ、フランス人のパートナー、アニーさんが総料理長を務める高級リストランテでした。ミシュランでは当時、二ッ星（現在は三ッ星）。

　アニーさんはニース出身ながらトスカーナ料理をよく勉強していて、そこにフランス料理の洗練を巧みに加えていました。ベースにあるのはあくまでトスカーナ料理で、火入れのテクニックや素材の取り合わせ、盛り付けなどは一歩先んじていたフレンチの技から取り入れる。1970〜80年代の新しいムーブメント＝ヌオーヴァ・クチーナの担い手のひとりであり、最先端の料理を手掛けていました。右ページのパスタ料理は代表する皿のひとつ。いかすみをパスタ生地に練り込み、赤と緑の具材を美しくあしらったもので、それまでいかすみをソースにして和えるパスタしか知らなかった僕には、お洒落で刺激的でした。

女性シェフはイタリアでは珍しくはないが、フランス人のアニーさん（写真中央・ブルーの私服姿）は異色の存在。センスも抜群だった。

　しかし、修業を続けるうちにひとつのことが頭をもたげてきます。もっと土着の昔ながらの料理を見てみたい。そのころ、店でパティシエとして働いていた地元のおばさんが、僕たちのまかないに作ってくれていたのがフィレンツェの田舎料理。イタリア人にはきっとどうってことのない料理だったでしょう。でも、僕には強いインパクトで刺さってきた。たとえば、パッパ・アル・ポモドーロやパンツァネッラ。硬くなったパンを水に浸しておいしく食べるなんて、考えも及ばない。工程は単純で、見た目も地味ながら、素材の力強さがストレートで、イタリアの底力を感じたのです。ジョルジョさんに恐る恐る胸の内を明かすと、返ってきたのは「地方を見るといいね」。そこから進むべき道が見えてきました。

Tagliolini neri con spannocchie e
punte d'asparagi

いかすみのタリオリーニ
海老とグリーンアスパラガス

いかすみを練り込んだ手打ちの細麺タリオリーニで、ソースは1970〜80年代にフランスで大流行したバターソース「ブールブラン」。エノテーカ ピンキオーリではこうしたフランスの技法をいちはやく取り入れていた。トスカーナ方言でスパンノッキアと呼ぶ海老と、グリーンアスパラガスをあしらうのが代表的な一皿だった。

器／ヴェール

日髙シェフ、イタリアンへの道

Milano ミラノ

希代のシェフ・マルケージの厨房で
ヌオーヴァ・クチーナの洗礼を受ける

　ピンキオーリのあと、お世話になったのは当時、ミラノ市中にあったリストランテ「グアルティエーロ・マルケージ」。地方に行く前に、どうしても行っておきたかった店です。前年の1985年にイタリア史上初の三ツ星を獲得したマルケージさんは「現代イタリア料理の神」と称えられた人。料理人としての腕も一流ながら、知性と教養にあふれ、芸術的なセンスにも実業家としての手腕にもすぐれ、彼を抜きにイタリアの料理界を語ることはできませんでした。世界が注目するこの調理場で働くことができたのも、ピンキオーリさんの仲立ちがあったから。イタリアではこういう人と人との縁にも助けられ、ありがたいことでした。

　マルケージさんの料理は単にモダンで革新的というだけでなく、ひと目で作者がわかる絵画のように、確固とした作風があり、オリジナリティの高いものでした。たとえば包まないラヴィオリ「ラヴィオーロ・アペルト」（右ページ）、冷製パスタの存在しないイタリアでアンティパストして考案した「冷たいキャヴィアのスパゲッティ」、サフランのリゾットに一枚の金箔をひらりとのせたまばゆいばかりの「黄金のリゾット」。日本で想像していたイタリアンの枠をはるかに超える思いもよらない料理に圧倒されました。

厨房スタッフも精鋭揃い。その後、星付きシェフとして第一線で活躍している仲間もいる。

　しかし、日本から料理を学びに来た僕を諭すように言ったのは「イタリアで学ぶなら、地方の料理を勉強することだ」。地方には土地ごとに個性の際立った素材と料理がある。ひとつひとつの素材に敬意を払い、大切にする、その精神を学ぶべきだと。結局、イタリア料理のアイデンティティとはそこに行き着くんですね。

　実際、マルケージさんの料理も根っこは郷土料理にありました。当時は田舎に店を移すことを夢見ていて、後年ミラノ北部のフランチャコルタに店を構えています。地方の楽しさ、田舎の料理のおもしろさを折に触れて語ってくれたマルケージさんの言葉に、早く地方を巡りたいと心がはやったものでした。

マルケージさん（前列右から3人目）とスタッフ揃って店の前で。日髙シェフが入ったのは三ツ星になった翌年。飛ぶ鳥を落とすような勢いがあった。

44

Raviolo aperto

ラヴィオーロ・アペルト

マルケージの料理のなかでもっとも話題をさらったラヴィオリ。2枚の生地を重ねて周りを閉じないオープン(アペルト)な盛り付けで、一皿に1個を盛ることから単数形のラヴィオーロと呼んだ。下の生地はほうれん草入り、上の生地は伸ばす途中で1枚のイタリアンパセリを挟んで透かし模様のようなデザインに。詰め物は、帆立貝などの魚介で、ソース・ブールブランとしょうが汁でさっと火を通していた。

Mantova マントヴァ

日髙シェフ、イタリアンへの道

ダル・ペスカトーレで学んだ イタリアンの豊かさと地方性

ナディアさんとの親交は今も続いている。美食旅行でお客様をお連れして訪問した時は、大歓迎を受けた。

　地方への足掛かりとしてマルケージさんが引き合わせてくれたのが「ダル・ペスカトーレ」のアントニオ・サンティーニ、ナディア夫妻です。今では三ッ星の老舗ですが、当時は片田舎の一ッ星の格付け。ルネッサンス期には文化・芸術の栄えたマントヴァ公国のあった歴史ある町でした。内陸地なので肉類やチーズ、野菜は豊かですが、海産物は乏しく淡水魚が中心。メニュー表にはなまず、鯉、かえる、ちょうざめ、かわかますなど見たこともなかった名前が並び、異国に来たような心持ちでしたね。これらはどれもマントヴァにルーツを持つ古くからの料理だったんです。

　夫妻の素晴らしいところは、郷土が育んできた文化、産物、料理に深い愛情と敬意を持っていたこと。彼らが語る料理の話は濃密で、見識の高さがありました。気づかされたのは、地方を知るとは料理がその土地にある意味、背景、そして土地の産物を深く理解すること。マルケージさんもダル・ペスカトーレの夫妻も、一番に伝えたかったものでしょう。地方料理を学ぶ心得を叩き込まれた思いです。

　家族のように接し導いてくれた一家ですが、今となっては笑い話のエピソードも。それはピンキオーリに遊びに行く折、手土産に託された手作りのサラミ事件です。何日たってもピンキオーリさんからひと言も反応がないのを、僕が食べてしまったと疑いをかけてきたのです。あまりに頭にきた僕は、荷物をまとめて夜逃げを決行。しかし、防犯ブザーのけたたましい音に脱走は失敗に……。でも、事情を知って疑いは晴れました。そののち、夫妻は僕がぜひ行くべきという修業先を5軒選び、すべての間を取り持ってくれました。僕が最終的に地方をくまなく回ることができたのも、夫妻のこのサポートがあってのことです。

　さて、地方を巡る旅の出発点となったダル・ペスカトーレの料理には、郷愁に近い懐かしい思い出が詰まっています。同じ材料は手に入らないけれど、日本の素材でマントヴァの心を伝えたい。ぜひ味わってください（p.48～）。

ここマントヴァ近郊は淡水魚が主たる魚介。厨房仲間と手にしているのは、ちょうざめ。

日髙シェフが厨房に入った時期は片田舎のリストランテだったのが、地方の味がリスペクトされる時代となり、やがて三ッ星に輝く。

Tortelli di zucca

かぼちゃのトルテッリ

かぼちゃのペーストを包んだ、この土地固有の詰め物パスタ。詰め物の調味料は店ごとに工夫があり、ダル・ペスカトーレではアーモンド粉のクッキーのアマレッティ、ナツメグ、そして地域の名物モスタルダ（果物をマスタード風味の辛いシロップで煮込んだもの）などを使っていた。ソースは溶かしバター。手打ちパスタは鶏、アヒル、鴨、七面鳥などの産みたての卵で作っていたのも驚きだった。

日本の素材で「ダル・ペスカトーレ」の味を

48

Pesce in carpione
いさきのカルピオーネ
☆魚の甘酢マリネ

「ダル・ペスカトーレ」では1900年代初めの創業時から作り続けている料理で、ナディアさんの思い入れの強さを感じたものです。淡水魚の鯉やうぐいで作っていましたが、日本でならいさき、かさご、あじなどが使いやすく、味付けも向いています。

材料（3～4人分）
- いさき —— 1尾（700～800g）
- 赤玉ねぎ（薄切り）—— 1個分
- マリネ液
  - A
    - 白ワイン —— 500ml
    - 白ワインビネガー —— 500ml
    - グラニュー糖 —— 200g
    - 塩 —— 20g
  - B
    - クローヴ —— 少量
    - シナモンパウダー —— 少量
    - ナツメグパウダー —— 少量
- オレンジの皮（せん切り）—— 適量
- 塩 —— 適量
- 薄力粉 —— 適量
- 揚げ油 —— 適量
- 仕上げ
- ルーコラ —— 適量

作り方

1 マリネ液を作る。鍋に材料Aを合わせて沸かし、弱火にして10分ほど煮詰める。赤玉ねぎを加え、軽く煮て辛みを抑える。

2 いさきはうろこやひれを取り、頭と内臓を除いて水洗いし、ペーパータオルで水分をよく拭き取る。半分に筒切りし、塩をしっかりとまぶしてから、薄力粉をまぶす。余分な粉ははたく。180℃の揚げ油でしっかりと揚げ、ペーパータオルにのせて余分な油をきる。

- 今回は切り身が大きいので15分ほど時間をかけ、骨まで火が入るように揚げる。

3 深さのある容器にいさきを入れ、オレンジの皮とスパイスBを入れて**1**のマリネ液を注ぐ。粗熱をとり、冷蔵庫でまる1日漬け込む。

- スパイスはマリネ液と一緒に煮出すと香りが強すぎるので、最後に加えてやさしい香りをつける。

盛り付け
いさきの身を崩さないようにほぐし、マリネ液とともに器に盛る。ルーコラを添える。

Mini Column
魚の二大甘酢漬け
「カルピオーネとイン・サオール」

イタリアでも魚の甘酢漬けは昔からよく食べられています。日本でもよく知られるようになったのがカルピオーネとイン・サオール（p.68）。作られている土地が違うので名前も違い、魚の使い方や副材料、スパイスなど風味のつけ方にもそれぞれ特徴があります。カルピオーネは、「ダル・ペスカトーレ」のあるマントヴァ一帯の料理で、内陸地のためもともとは川魚で作っていたもの。スパイスの香りが印象的です。一方、イン・サオールはヴェネツィアの料理で、マントヴァから近いものの海に面しているため、いわしを使うのが大定番。松の実やレーズンもお決まりです。甘酢漬けだけでもこんなに地域性があっておもしろいです。

日本の素材で「ダル・ペスカトーレ」の味を

50 器／すべてヴェール

前菜にも付け合わせにもなる
野菜のコントルノ3種

どれもひとつの野菜で作っています。ズッキーニはナディアさんのアイデアで、
ミントとの珍しい組み合わせ。僕らも相性のよさに驚かされました。パプリカは彩りがよく
さわやかで口のリフレッシュにうってつけ。ポルチーニ料理はしいたけで再現しています。

Zucchine alla menta
ズッキーニのミント漬け

材料（作りやすい分量）
ズッキーニ —— 1本
ペパーミント —— 20g
白ワインビネガー —— 大さじ1
E.V. オリーブオイル —— 適量
塩 —— 適量

作り方
1 ズッキーニを縦に3mm厚さの薄切りにする。両面をグリル（またはソテー）する。

2 バットに並べ、塩をふり、白ワインビネガー、E.V. オリーブオイルをかけ、ペパーミントをあえる。

• すぐに食べることもできるし、一晩冷蔵庫でマリネするのもよい。

Peperoni sott'aceto
パプリカの酢漬け

材料（作りやすい分量）
パプリカ（赤、黄） —— 各1個
マリネ液
  　白ワインビネガー —— 200ml
  　グラニュー糖 —— 80g
  　塩 —— 12g
E.V. オリーブオイル —— 適量

作り方
1 パプリカを縦に切り分け、へたと種を除く。深さのある耐熱容器に入れる。

2 鍋にマリネ液の材料を入れて沸騰させ、熱いうちに**1**にかける。粗熱をとり、冷蔵庫で一晩マリネする。水分をきり、E.V. オリーブオイルをかけてしばらくマリネする。

Funghi alla griglia
しいたけの網焼き

材料（作りやすい分量）
しいたけ —— 適量
A　にんにく（みじん切り） —— 適量
  　パセリ（みじん切り） —— 適量
  　レモン汁 —— 適量
  　E.V. オリーブオイル —— 適量
  　塩 —— 適量

作り方
1 しいたけは軸を切り取り、傘だけにする。

2 ボウルに材料**A**をよく混ぜ、しいたけの傘の内側にぬる。オーブントースターの網に直接のせて香ばしく焼く。

サラメ・フレスコを楽しむ

日本の素材で「ダル・ペスカトーレ」の味を

Panino con salame
サラメ・フレスコのパニーノ
⋯▷作り方はp.54参照

Riso alla pilota
脱穀人風のリーゾ
…▷作り方はp.55参照

Polpette di salame con verdure
自家製ミートボールと野菜の炒めもの
…▷作り方はp.55参照

Salame fresco
サラメ・フレスコ いろいろな料理に展開できるフレッシュサラミ

豚ひき肉を塩やスパイスで調味して練り合わせ、乾燥熟成前に生のまま使うので
サラメ・フレスコ（生サラミ）と呼んでいました。ナディアさんのレシピは赤ワイン、
にんにく、シナモンをきかせるのが特徴。豚のいろいろな部位を使うとよりおいしいです。

材料（作りやすい分量）

豚ひき肉* ── 300g
A｜塩 ── 5g
　｜黒こしょう ── 1g
　｜ナツメグパウダー ── 少量
　｜シナモンパウダー ── 少量
　｜にんにく（みじん切り） ── 少量
赤ワイン ── 大さじ1

＊豚ひき肉/市販のひき肉だけでなく、バラ肉など
　を細かく切って混ぜると、より手作り感が出る。

作り方

1 ボウルに豚ひき肉を入れ、調味料Aをすべて加える（**a**）。肉と調味料がなじむ程度に混ぜ合わせる（**b**）。

2 赤ワインを加える（**c**）。生地がなめらかにまとまるまで、よくこねる（**d**）。

3 サラメ・フレスコのでき上がり（**e**）。料理に合わせて形を自由に作る（**f**）。「脱穀人風のリーゾ」のように、こねたものを直接炒めて使うこともできる。

● こねてすぐに調理してもよいが、半日から1日おくと調味料の味がなじむ。

Panino con salame
サラメ・フレスコのパニーノ

だれでもできる、簡単フレッシュサラミ料理。サラメ・フレスコを棒状に
丸めて焼き、ソーセージのようにそのまま食べるもよし、
パンに挟めばホットドッグ（イタリア風にはパニーノ）に。

材料（1人分）

サラメ・フレスコ ── 50g
トマト（薄切り） ── 2枚
丸パン ── 1個
E.V.オリーブオイル ── 適量
パセリ（みじん切り） ── 少量
フレンチマスタード ── 適量

作り方

1 サラメ・フレスコをソーセージ状に丸める。フライパンにE.V.オリーブオイルをひいて中火にかけ、香ばしく焼く。

2 パンに縦に切り込みを入れて、トマトと焼いたサラミを挟む。

3 サラミにパセリをふり、フレンチマスタードを添える。

Riso alla pilota
脱穀人風のリーゾ

マントヴァで大事に育まれてきた料理で、僕自身も思い出深い一皿。
サラメ・フレスコも、「リーゾ」という米の調理法も、この料理で
初めて知りました。米は水でゆで、炒めほぐしたサラメと合わせます。

材料（3人分）
米 —— 150g
水 —— 400ml
サラメ・フレスコ —— 150g
塩 —— 適量
E.V. オリーブオイル —— 適量
バター —— 20g
パルミジャーノ —— 30g

作り方

1 鍋に分量の水を沸かし、塩と米を入れる。再沸騰したら弱火にし、8分ほどゆでる。火を止め、蓋をして8分蒸らす。

• ゆで始めは米が鍋底にくっつきやすいので、木べらで混ぜながらゆでる。鍋は保温効果のあるものがベター。

2 1の調理の間に、フライパンにE.V. オリーブオイルをひき、中火にかけてサラメ・フレスコを炒める。ほぐしながら、表面がカリッとするまで炒めておく。

3 米を蒸らし終えたら2を中火にかけ、湯をきった米を加える。余分な水分を飛ばし、サラミの旨みを米に吸わせるようにざっくりと混ぜながら炒める。

4 バターとパルミジャーノを加え、ふんわりと混ぜる。

Polpette di salame con verdure
自家製ミートボールと野菜の炒めもの

サラメ・フレスコを球形にすればミートボール。
おなじみの野菜と一緒に炒め合わせれば、簡単で豪華な一皿に。
あらゆるミートボール料理に利用できます。

材料（4人分）
サラメ・フレスコ —— 100g
ズッキーニ（角切り） —— 1本分
なす（角切り） —— 1本分
玉ねぎ（角切り） —— 1/2個分
ミニトマト —— 10個
オレガノ —— 2g
塩 —— 適量
E.V. オリーブオイル —— 適量

作り方

1 サラメ・フレスコを小ぶりのボール状に丸める。野菜も、同じ大きさの角切りにする。

2 フライパンにE.V. オリーブオイルをひき、中火にかけてミニトマト以外の野菜を炒める。しんなりしてきたらサラメ・フレスコを加えて炒め、香ばしい焼き色がついて火が入ったら、ミニトマトを加えて炒め合わせる。

• サラミの肉汁や脂を野菜に吸わせるようにしながらじっくり炒める。

3 ミニトマトにも火が入ったら、オレガノと塩をふる。

日本の素材で「ダル・ペスカトーレ」の味を

Risotto al pesce sciabola
太刀魚のリゾット
…▷作り方はp.58参照

Gnocchi al pomodoro
とても軽く仕立てたじゃがいもの
ニョッキ、トマトソース
…▷作り方はp.58参照

Bigoli con le verdure
ビゴリのトマトと野菜のソース
…▷作り方はp.59参照

Bigoli alle acciughe
ビゴリのアンチョビバター
…▷作り方はp.59参照

日本の素材で「ダル・ペスカトーレ」の味を

Risotto al pesce sciabola
太刀魚のリゾット

原形はなまずのリゾット。川魚が中心の土地柄なので、なまずも普通に使われました。面接時、献立表になまずの文字を発見した時は驚き、地域性を感じたものです。かわはぎがとくにおすすめ。

材料（2人分）

米 —— 120g
太刀魚（筒切り） —— 120g
クールブイヨン* —— 適量
玉ねぎ（みじん切り） —— 1/4個分
あさつき（小口切り） —— 適量
バター —— 20g
E.V. オリーブオイル —— 小さじ1
塩 —— 適量

＊クールブイヨン／香味野菜を水で煮出して、手早く作る野菜のブイヨン。魚介をゆでて生臭みなどを取りつつ、軽く火を入れる。作り方はp.62。

作り方

1 太刀魚の両面に塩をふる。鍋にクールブイヨンを入れて沸かし、太刀魚をゆでて火を通す。取り出して粗熱をとり、骨をきれいにはずして身をほぐす。
- ゆでたクールブイヨンは米を煮るのに使うので、熱くしておく。

2 別鍋にバターを入れて中火にかけ、玉ねぎをしんなりするまで炒める。米を加え、透き通るまで炒める。

3 1の熱いクールブイヨンを米が隠れるまで加え、時々混ぜながら煮る。水分が蒸発して米が見えてきたら、繰り返しクールブイヨンを加えて煮る。太刀魚は、途中5分ほどたったタイミングで入れ、さらに5分ほどかけて煮上げる。塩で味をととのえ、あさつきとE.V. オリーブオイルを混ぜる。

動画サイトでは、太刀魚の代わりに「かわはぎのリゾット」を紹介しています。作り方の工程の参考にしてください。

Gnocchi al pomodoro
とても軽く仕立てたじゃがいものニョッキ、トマトソース

ナディアさんがまかないによく作ってくれたニョッキ。小麦粉が少なく練らずにまとめるだけなので、本当に軽くてペロリと食べられます。当時はトマトの天日干し「エストラット」のソースがお決まりでした。

材料（2人分）

ニョッキ —— 右ページの全量
塩 —— ゆで汁用の湯の1％
トマトソース
　フルーツトマト* —— 4個
　トマトジュース —— 100ml
　E.V. オリーブオイル —— 適量
　塩 —— 適量
バジリコ（ざく切り） —— 適量
パルミジャーノ —— 適量
仕上げ
バジリコ、パルミジャーノ —— 各適量

作り方

1 鍋にたっぷりの湯を沸かし、塩を入れてニョッキをゆでる。水面に浮き上がってきたらしばらくゆでて、網杓子で取り出す。

2 ニョッキをゆでている間にトマトソースを作る。フライパンにE.V. オリーブオイルをひいて中火にかけ、フルーツトマトをソテーして軽く塩をする。温まったらトマトジュースを加えて煮詰め、塩で味をととのえる。

3 トマトソースにゆでたての熱いニョッキを加え、和える。バジリコとパルミジャーノも加えて和える。

盛り付け

器に盛り、バジリコを添えてパルミジャーノをふる。

＊フルーツトマト／さっぱりしたトマトソースにするため、生のフルーツトマトを短時間で煮る。皮と種を取って縦半分に切り、さらに5mm幅に切る。

Bigoli con le verdure
ビゴリのトマトと野菜のソース

水分の少ない生地を強い圧力で絞り出すビゴリは、噛みごたえが一番。ヴェネト州とマントヴァ一帯の地域性の高いパスタです。ポルチーニと葉玉ねぎで作るスペシャリテを身近な野菜で再現しています。

材料（2人分）
- ビゴリ —— 200g
- 塩 —— ゆで汁用の湯の1％
- 長ねぎ（斜め切り）—— 1本分
- エリンギ（縦に薄切り）—— 100g
- フルーツトマト（皮と種を付けてざく切り）—— 2個分
- バジリコ（ざく切り）—— 適量
- 塩 —— 適量
- E.V. オリーブオイル —— 適量

作り方
1 鍋に湯を沸かし、塩を入れてビゴリをゆで始める。

2 フライパンにE.V.オリーブオイルをひいて中火にかけ、長ねぎとエリンギを炒める。しんなりしてきたらフルーツトマトを加えて炒め、水分が出てきたら水少量（分量外）を足して、しばらく煮る。塩で味をととのえる。

3 2に湯をきったビゴリを加えて、よくからませて味を含ませる。バジリコを加えて混ぜる。

Bigoli alle acciughe
ビゴリのアンチョビバター

ビゴリの二大ソースが、アンチョビバターと鴨のラグー。大定番の味をぜひ体験してください。太めのスパゲッティやブカティーニ、さらには讃岐うどんでの代用もグッドチョイス。

材料（2人分）
- ビゴリ —— 160g
- 塩 —— ゆで汁用の湯の1％
- アンチョビのフィレ —— 15g
- バター —— 40g

作り方
1 鍋に湯を沸かし、塩を入れてビゴリをゆで始める。

2 ビゴリがゆで上がる直前に、フライパンにバターとアンチョビを入れて中火にかけ、溶かす。湯をきったビゴリを入れ、よくからめる。

ニョッキの作り方

材料（2人分）
- じゃがいも（塩ゆでして裏ごししたもの）—— 300g
- 卵黄 —— 1個分
- 薄力粉 —— 30g
- ナツメグパウダー —— 少量
- パルミジャーノ —— 20g
- 塩 —— 適量

作り方
1 台に裏ごししたじゃがいもを広げ、その他の材料をすべて加える。軽く混ぜ合わせて固まりにまとめる（**a**）。

2 薄力粉の打ち粉（分量外）をしながら、両手のひらでやさしくこねて材料をなじませ、なめらかで均一な生地にする（**b**）。そのまま手のひら全体を使って生地を転がし、棒状にする（**c**、**d**）。

3 仕上がりは直径1.5cmほどの棒状に。幅約1cmに切り分ける（**e**、**f**）。

  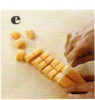 

日本の素材で「ダル・ペスカトーレ」の味を

Salmone in salsa mantovana
サーモンのマントヴァ風ソース
⋯▷作り方はp.62参照

Filetto di pollo alle erbe fini
鶏ささみ肉、にんにくとパセリ風味

⋯> 作り方はp.63参照

日本の素材で「ダル・ペスカトーレ」の味を

Salmone in salsa mantovana
サーモンのマントヴァ風ソース

「ダル・ペスカトーレ」の川魚スペシャリテであり
「かわかますのマントヴァ風ソース」を、手軽に利用できる鮭でアレンジしました。
たらやあんこうなど淡白な白身魚でも。ビネガーとケイパーの
酸味のきいたさわやかなソースはナディアさんのオリジナルです。

材料（4人分）

生鮭（厚い切り身）── 400g
クールブイヨン* ── 適量
塩 ── 適量
ソース
 ケイパー（酢漬け）── 小さじ1
 アンチョビのフィレ ── 1枚
 パセリ（みじん切り）── 適量
 にんにく（みじん切り）── 1片分
 白ワインビネガー ── 小さじ1
 E.V. オリーブオイル ── 大さじ2
 塩、こしょう ── 各適量
仕上げ
焼きポレンタ（下記）

作り方

1 鮭に塩をふり、少しおいて出てきた水分を拭き取る。

2 鍋にクールブイヨンを温め、鮭をゆでて中心まで火を入れる。取り出して皮や小骨を除き、適宜の大きさに切る。

3 フライパンにソースの材料をすべて合わせ、中火にかけて煮詰める。香りが出て、パセリの緑色が美しいうちに火からおろす。

● ケイパーはみじん切りにするのがナディアさんのスタイル。形を活かしてホールで調理しましたが、お好みで。

盛り付け
器に焼きポレンタを置き、鮭を盛って熱いソースをかける。

*クールブイヨン（作り方は下記）／香味野菜を水で煮出して、手早く作る野菜のブイヨン。魚介をゆでて生臭みなどを取りつつ、軽く火を入れる。

焼きポレンタの作り方

材料（作りやすい分量）

ポレンタ粉 ── 60g
水 ── 300ml
塩 ── 適量
E.V. オリーブオイル ── 適量

作り方

1 ポレンタを作る(p.107)。煮上がったものをバットなど平たい容器に広げ、表面を平らにして形を整える。粗熱がとれたら冷蔵庫で保管する。

2 適宜の大きさに切り分け、両面をグリルしながら温める。

クールブイヨンの作り方

材料（作りやすい分量）

玉ねぎ（薄切り）── 1/2個分
にんじん（薄切り）── 1/2本分
セロリ（薄切り）── 1/2本分
レモン ── 1/4個
水 ── 500ml

作り方

鍋に材料をすべて合わせ、強火で沸騰させる。アクを取り、弱火で20～30分煮出してこす。

Filetto di pollo alle erbe fini
鶏ささみ肉、にんにくとパセリ風味

本来は、かえるもも肉で作る料理です。マントヴァ一帯はかえるがよく捕れる土地で、昔は牛肉や鶏肉をあまり口にできない庶民の大事な蛋白源だったそう。食感も味もそっくりな鶏ささみで再現しました。

材料（4人分）
鶏ささみ肉 —— 200g
塩、こしょう —— 各適量
ころも
　薄力粉 —— 適量
　卵液
　　全卵 —— 1個
　　パセリ（みじん切り）—— 10g
　　パルミジャーノ —— 20g
　　パン粉（細かくつぶしたもの。p.19）
　　　—— 適量
にんにく —— 2片
バター —— 60g
ソース
　バター —— 20g
　にんにく（みじん切り）—— 1片分
　パン粉（細かくつぶしたもの。p.19）
　　—— 大さじ2
　パセリ（みじん切り）—— 大さじ2
仕上げ
クレソン —— 適量

作り方

1 鶏ささみ肉は筋を除いてひと口大に切る。塩、こしょうをふって小さく丸めるように形を整える。

2 バットなどに卵液の材料を混ぜ合わせ、ささみを薄力粉、卵液、パン粉の順にまぶす。フライパンにバターとにんにくを入れて中火にかけ、バターが溶け始めたらささみを入れて香ばしく揚げ焼きする。ペーパータオルにのせて油分をきる。

3 ソースを作る。小鍋でバターの半量とにんにくを炒め、色づいてきたら残りのバター、パン粉、パセリを入れて炒める。香りが出て香ばしく色づいたらでき上がり。

盛り付け

器にささみの揚げ焼きを盛り、1個ずつにソースをのせる。クレソンを添える。

Mini Column

かえる肉の調理法はリゾット、スープ、煮込み、ソテー、フリットなど多彩です。パン粉揚げにしてにんにくとパセリのソースを添える今回の料理は、なかでも代表的なもの。もも肉を骨の片側に丸めてチューリップ型にするのが一般的なので、ささみで作る時もそのイメージで丸く作るのがいいですね。白身の淡白な肉なので、ナディアさんも鶏肉で同じようにおいしくできるとおすすめしていました。

Campagna 地方の豊かさ

[日高シェフ、イタリアンへの道]

イタリア滞在3年間でリストランテ14軒、8つの州を巡る

ソレントの「ドン・アルフォンソ」で。ここで出合ったのが、後に自らのレストラン名にまで冠することになる料理、アクアパッツァ。鮮度抜群、超シンプルな魚料理に心奪われた。

　イタリアへ修業に行っていた当時、僕のように田舎をくまなく巡っていた料理人はあまりいなかったように思います。ミラノ、フィレンツェ、ローマなど都会の星付きリストランテ、あるいはひとつの地方にじっくり腰を据えて学ぶ人が多かった。その土地の春夏秋冬を体験することも意義が大きかったけれど、僕はとにかく北から南まで、土地ごとに天と地ほどの差があると聞かされていた各地を巡ることで、マルケージさんたちの言う地方料理の偉大さ、豊かさを目に焼き付けたい気持ちでいっぱいだったんです。期間がわずかでも、たったひとつの料理を見るだけでも、価値がありました。シェフたちからアドバイスをもらい、紹介状もいただき、巡ること10軒余。仕事の合間にほかの土地にも食べ歩きし、先輩や仲間の家々を訪ねて家庭料理をご馳走してもらうことも。豚1頭を解体して、ハムやサラミ、ソーセージなどを仕込むという、日本では絶対に体験できない現場にも立ち会いました。

　土地が変われば食材が大きく変わり、料理の姿は一変します。地域独特の素材の多様性にはとにかく驚きました。イタリアといえば「トマトとパスタ」というイメージからはあまりにもかけ離れた、なんと奥の深い世界。とくに印象深かった店を絞れば、店名の由来となった魚料理「アクアパッツァ」を学んだソレント近郊の「ドン・アルフォンソ」、シチリアの小島リーパリ島にある「フィリッピーノ」。大胆でいながら繊細な味わいを引き出す魚介料理のテクニックや調味の幅の広さに、日本とは異なる魚介をおいしく食べる南イタリアの人々の知恵を見ました。

　この項では、すでに日本でおなじみとなった料理から、いまだ知られていない逸品まで、僕のとっておき地方料理を33品紹介しています。イタリアの田舎は僕にとって宝。皆さんにお伝えしたい料理はこれにとどまりません。

Friuli-Venezia Giulia

ウディネ近郊にあった「ボスケッティ」の厨房で。今振り返れば、料理以外のことを考えることがないほど夢中で働いた。

Campania

ソレントの「ドン・アルフォンソ」。その後、日本の百貨店におけるイタリアフェアで日髙チームがサポートするなど、親交が長く続いている。

Toscana

トスカーナでは何軒かの店で働いた。写真はそのうちのひとつ「ヴィーポレ」。フィレンツェ市内から少し離れた山あいにある家族経営の店。

Sicilia

シチリアのリーパリ島にある「フィリッピーノ」は、誇り高く地方料理、伝統の味を守り、今も健在。来日イベントでも協力している。

Italia

65

イタリア、地方の味わい《Antipasto》

器／火風水 hifumi

Bagna cauda
バーニャカウダ

☆野菜をおいしく食べるにんにくソース

ピエモンテ州 *Piemonte*

アルプスの麓、ピエモンテ州の冬の料理。寒い冬場に農民たちがこのソースで体を温め、野菜で栄養をとる──貧しい時代の生活の知恵だったようです。今では作る人がいないと聞きますが、僕にはとても魅力的。季節を広げ、多彩な野菜と現代風の軽いソースで作り続けています。

材料（作りやすい分量）

にんにく ── 1房(60g)
アンチョビ* ── 60g
牛乳 ── 適量
水 ── 適量
E.V. オリーブオイル ── 約200ml

*アンチョビ／フィレでも、ペースト製品でも。

野菜各種 ── 適量
塩 ── 適量
- パプリカ、紅芯大根、にんじん、赤チコリ、ミニトマト、スナップえんどう、コールラビ、ラディッシュ、クレソンなど。色、形、食感など、味の変化をつけるとよい。生野菜だけでなく、ゆでたじゃがいもやれんこんも合う。

準備

- にんにくは皮をむき、縦に2等分して芯を取り除く。
- スナップえんどう、じゃがいも、れんこんなどを使うなら柔らかく塩ゆでする。大きな野菜は食べやすいサイズに切る。

作り方

1 鍋ににんにくを入れ、牛乳と水を同量ずつひたひたに入れる。強火にかけて沸騰したらザルでこす。この工程をあと2回繰り返す。
- 牛乳で煮ると、にんにくの臭みが抜け、旨みだけが残る。3回目に硬さが残っていたら、少し煮る。

2 にんにくの水気をきって裏ごしし、アンチョビのフィレも裏ごしする。
- なめらかさには少し欠けるが、すりこぎでつぶしたり、包丁でたたいたりしてもOK。

3 鍋に**2**とE.V. オリーブオイルを入れて弱火にかける。へらで混ぜながら火を入れ、柔らかなペーストにする。
- ペーストがふつふつと沸いて、温まればでき上がり。

盛り付け

バーニャカウダを専用ポットに入れ、別の器に野菜を盛り合わせる。
- 専用ポットをロウソクの火で温めながら食べる。チーズフォンデュ用ポットでも。なければ器に盛って温かいうちに食べる。

Wine Recommend

さっぱりしたワインよりも少しボリュームのあるタイプがおすすめです。ピエモンテ州の白葡萄[アルネイス]種はいかがでしょうか。古い歴史を持つ土着品種でありながら栽培の難しさなどから消滅しかけていた品種ですが、近年その価値が認められ、あっという間に人気品種になりました。穏やかな酸と黄桃やアプリコットのようなクリーミーな果実味を感じます。少し高めの温度で飲むとコクのある味わいも楽しめます。（鈴木）

イタリア、地方の味わい《Antipasto》

Sarde in saor
いわしと玉ねぎのイン・サオール
☆ヴェネツィア風いわしの甘酢漬け

ヴェネト州

Veneto

ヴェネツィアを中心とするヴェネト州のいわし料理といえばこれ。レーズンと松の実入りの甘酢漬けですが、レーズンの甘みとビネガーの酸味が交じり合うおいしさが、いわしを引き立てます。現地では小型のいわしが多かったですが、大型のまいわしも合います。

材料（2～4人分）

いわし —— 400g
玉ねぎ（薄切り*）—— 600g
レーズン —— 40g
松の実 —— 40g
ローリエ —— 2枚
白ワイン —— 100ml
白ワインビネガー —— 200ml
グラニュー糖 —— 大さじ1
E.V.オリーブオイル —— 大さじ2
塩 —— 適量
薄力粉 —— 適量
揚げ油 —— 適量
仕上げ
パセリ —— 適量

＊玉ねぎ／写真では繊維に垂直に切っているが、平行の薄切りでも。

作り方

1 いわしの頭と内臓を取り除き、水洗いして水分を拭き取る。包丁、または手開きで三枚におろし、端の腹骨を包丁ですき取る。

2 鍋にE.V.オリーブオイルと玉ねぎを入れて中火にかけ、炒める。しんなりしてきたら塩をふり、レーズン、松の実、ローリエを加えてさっと混ぜ、白ワインを入れる。アルコール分を飛ばし、続けて白ワインビネガー、グラニュー糖を加えて混ぜ、煮詰める。

● ひねの玉ねぎは水分を少量補って炒めると鍋肌が焦げ付きにくく、玉ねぎもしんなりしやすい。レーズンは煮込むとふやけるので、半量をでき上がりに加える方法でもよい。

3 **1**のいわしに薄力粉をまぶし、余分な粉をはたいて落とす。180℃の揚げ油で軽く色づく程度に揚げる。ペーパータオルで油をきり、塩をふる。バットに並べて、**2**のマリネ液を熱々の状態でかける。

● 作りたてでもよいし、冷蔵庫で一晩マリネしてもよい。

盛り付け

器に玉ねぎなどを敷き、いわしを盛る。パセリのざく切りをふる。

Wine Recommend

いわしの肉厚な旨みと玉ねぎ、レーズン、ビネガーのきいた甘酸っぱくさわやかなお料理。キリッとした白ワインでももちろん楽しめますが、ヴェネト州を代表するスパークリングワイン［プロセッコ］との相性抜群。［グレラ］種が持つ白い花、青りんご、柑橘系のフルーティな香りや丸みのある果実味、柔らかな酸味が玉ねぎとレーズンに寄り添います。また軽やかな飲み口が気軽に楽しめる特徴です。魚介を使ったサラダ料理でも楽しんでいただけます。（杉澤）

イタリア、地方の味わい 《Antipasto》

器／ヴェール

Gnocco fritto

ニョッコ・フリット

☆中は空洞。もっちり食感の揚げパン

表面はサクッ、噛み進むとふんわりもっちり。エミリア＝ロマーニャ州を訪ねた時の
食の楽しみのひとつです。揚げたてに薄切りの生ハム、サラミ、ラルドなどをのせると脂が
余熱で溶け、絶妙な味わい。地元の特産バルサミコ酢を少量垂らすのも、定番の食べ方です。

エミリア＝ロマーニャ州

Emilia-Romagna

材料（2〜4人分）

薄力粉 ── 250g

水 ── 125ml

塩 ── 小さじ1

イースト（ドライ）── 1.5g

グラッパ* ── 小さじ1

生クリーム* ── 大さじ1/2

薄力粉（打ち粉用）── 適量

揚げ油 ── 適量

仕上げ

生ハム（薄切り）── 適量

*グラッパ／イタリアの代表的な蒸留酒。ブラ
ンデーや焼酎で代用してもよい。蒸留酒を入
れるとイースト臭を抑えてくれるが、入れなく
ても問題ない。

*生クリーム／代わりにE.V.オリーブオイルで
も。脂肪分が入ると生地が柔らかくなる。

作り方

1 薄力粉をふるいにかけてボウルに入れ、塩、イース
ト、グラッパ、生クリームを加える。水を少しずつ加え
ながら手のひらで混ぜていく。軽くこねて固まりにま
とめる。

● 生地が手指についたら、落としながらこねる。

2 生地を台に取り出し、なめらかで耳たぶの柔らか
さになるまでこねる。

● パン生地をこねる要領と同じ。手のひらの付け根で強く押しの
ばしては内側へ丸める工程を繰り返す。向きも少しずつ変えて
均等にこねる。

3 生地を丸く整えてボウルに入れ、温かい場所（また
はオーブンの発酵機能）で30〜40分発酵させる。ふ
んわりとした柔らかい生地になる。

4 台に打ち粉をふり、生地を置いて押しつぶす。めん
棒でのばして厚みを均一にし、パイカッターなどで5
㎝前後の四辺形に切り分ける。

● 生地は台につきやすいので、生地にも打ち粉をしながらのばす。
最終的な厚みは2〜3㎜。形は四辺形であれば揃っていなくて
よい。

5 180℃の揚げ油に入れ、何回か返しながら薄いき
つね色に揚げる。ペーパータオルで油をきる。

● 揚げ始めるとぷっくりと膨らんで中が空洞になる。

盛り付け

器に盛り、生ハムをのせる。

Wine Recommend

酒好きにはもってこいの一品ですね。ま
ずビール！ もよいですが、グラッパの
ふわっとした香り、生ハムものっているの
で果実味豊かな白葡萄［アルバーナ］
種をおすすめします。桃や洋梨などのア
ロマが特徴的で輪郭のはっきりした味
わいです。生き生きとした酸があるもの
からコクのあるタイプ、また、甘口から辛
口まで作られています。お好みに合わせ
て楽しんでください。（鈴木）

イタリア、地方の味わい 《Antipasto》

器／ヴェール

Panzanella
パンツァネッラ
☆パンと野菜のサラダ、トスカーナ風

トスカーナ州 *Toscana*

トスカーナでの修業中、大量のパンを水に浸ける工程を初めて見て「この先、どうなるんだ？」とびっくりしたのがこのサラダ。柔らかくなったそぼろ状のパンをフレッシュ野菜と混ぜる、この土地の伝統料理です。魚介やツナ、ゆで肉を加えるなど、応用の範囲も広いですよ。

材料（3～4人分）
バゲット* —— 2/3本
野菜
　フルーツトマト* —— 3個
　赤玉ねぎ —— 1/2個
　きゅうり —— 1 1/2本
　セロリ —— 2本
黒オリーブ（種なし）—— 8～12個
バジリコ（ざく切り）—— 2枝
赤ワインビネガー* —— 約100ml
E.V. オリーブオイル —— 約100ml
塩、黒こしょう —— 各適量
仕上げ
バジリコ —— 適量

＊バゲット／ほかにバタール、カンパーニュ（田舎パン）などハード系パンが向く。
＊トマト／皮を湯むきし、種を取ったもの。
＊赤ワインビネガー／香りが豊かでおすすめだが、なければ白ワインビネガーや米酢でも。

作り方

1 バゲットを幅2cmくらいに切り、水に浸して10分ほどおく。
● 小さく切ったほうが水のしみ込みが早いので、さらに半分に切っても。皮が柔らかくなるまで浸す。

2 野菜をひと口大に切り、黒オリーブは半分に切る。赤玉ねぎ、きゅうり、セロリの硬い野菜は塩（分量外）でもんでしばらくおく。野菜の水分が出てきたら、ペーパータオルで挟んで水分を拭く。
● 通常の塩もみの塩加減で。これが塩味のベースになる。野菜から出た水分を残したままパンと合わせると、ベチャッとするので、拭き取るのがベター。

3 1のバゲットを手で強く絞って大きなボウルに入れ、泡立て器でたたいて細かくつぶす。
● ここも水分の絞り方が足りないと、味がぼける。

4 3に2の野菜と黒オリーブを加え、塩、黒こしょう、E.V. オリーブオイル、赤ワインビネガーで味をつけ、へらでよく混ぜる。バジリコを加え、さっと混ぜる。
● 塩味と酸味は、強めにきかせたほうが美味。パンがおから状になって野菜にからんでいるのがよいでき上がり。

盛り付け
器に盛り、バジリコを添える。

Wine Recommend

硬くなったパンを柔らかくして、味わいや食感の異なるさまざまな野菜と合わせたサラダ。ビネガーのきいた料理には、味わいに青さと丸みのある酸味のさっぱりとしたワインはいかがでしょう。トスカーナ州の土着品種［ヴェルナッチャ・ディ・サンジミニャーノ］。ハーブ系の青いさわやかな香りにスッとした酸味が特徴です。ほかにもサラダなどの野菜料理や魚介類の前菜にぜひ。（杉澤）

イタリア、地方の味わい《Antipasto》

Bruschetta con fegatino e pomodoro al basilico
鶏レバーとトマトのブルスケッタ

トスカーナ州 *Toscana*

オリーブオイルの名産地トスカーナならではのパンの食べ方が、にんにくをすり込み
オイルをかけるブルスケッタ。トスカーナでは方言でフェットゥンタといいます。
レバーペーストやトマトのほか、ポルチーニ、サラミなどトッピングの変化も楽しいです。

材料（2〜4人分）

パン＊ ── 適量
にんにく ── 1/2片
トスカーナ産E.V. オリーブオイル ── 適量

レバーペースト

鶏レバー ── 100g
玉ねぎ（みじん切り）── 20g
にんにく（つぶしたもの）── 1片
セージ ── 1枝
ケイパー（酢漬け）── 10g
アンチョビのフィレ ── 1枚
マルサラ酒＊ ── 25ml
塩 ── 適量
E.V. オリーブオイル ── 大さじ1
トスカーナ産E.V. オリーブオイル
（仕上げ用）── 大さじ2~3

トマトのバジリコ風味

フルーツトマト（ざく切り）── 2個分
にんにく（みじん切り）── 少量
バジリコ（粗みじん切り）── 少量
トスカーナ産E.V. オリーブオイル
── 適量
塩 ── 適量
黒こしょう ── 適量

＊パン/バゲット、カンパーニュ（田舎パン）、トス
カーナパンなど自由に。

＊マルサラ酒/酒精強化ワインのひとつ。手持ちの
蒸留酒やワインに代えても。

作り方

レバーペースト

1 鶏レバーは血合いやスジがあれば取り除
く。フライパンにE.V. オリーブオイルとにん
にくを入れて中火にかけ、焦がさないように
炒めて香りがついたら取り出す。レバーを入
れてしばらく炒め、スペースをあけて玉ねぎ
も炒める。レバーに焼き色がつき始めたら
セージ、ケイパー、アンチョビを加え、全体を
炒め合わせる。マルサラ酒を加えて煮詰め、塩
味をつける。

● アルコールを足すとよりおいしくなる。

2 レバーにしっかり火が入ったら火を止め、
セージを取り除いてミキサーに入れる。トスカー
ナ産のE.V. オリーブオイルを加えて攪拌する。

● 包丁でたたいて粗めのペーストにしてもよい。

トマトのバジリコ風味

1 材料をすべて
ボウルに入れ、よく混ぜる。

ブルスケッタ

1 パンを厚切りにし、フライパン（または
オーブントースター）で両面を焼く。強めに焼
き色をつけたほうが本格的。

2 片面ににんにくの切り口をこすりつけ、ト
スカーナ産のE.V. オリーブオイルをかける。

● にんにくとオイルは好みで省略しても。

3 それぞれのパンにレバーペーストとトマ
トのバジリコ風味を盛る。

Wine Recommend

フィンガーフードにはやはりカジュ
アルに楽しめるワインが合いますね。
エミリア＝ロマーニャを代表する微
発泡の赤ワイン［ランブルスコ］で
いきましょう。軽やかな泡とさわやか
な酸、ほどよいコクとタンニンが後を
引きます。鶏のレバーなどにもぴっ
たり。実はこのワイン、基本は赤です
が、白・赤・ロゼ、甘口から辛口まで
のたくさんの種類があります。カジュ
アルな価格帯が多く、柔らかい泡が
飲みやすいのでチャレンジしてみて
ください。（鈴木）

イタリア、地方の味わい 《Antipasto》

76

器／ヴェール

Olive all'ascorana
オリーブの詰めもの、アスコリ風

マルケ州

Marche

アスコリ風とは、オリーブの産地で有名なマルケ州の町アスコリ・ピチェーノに由来。
現地では七面鳥や牛肉、豚肉などを野菜と煮込み、ミンチにしてオリーブに詰めていました。
作りやすくアレンジしているので、皆さんで一緒に詰めるところから楽しんでください。

材料（作りやすい分量）

グリーンオリーブ（塩水漬け。種なし）
　　　…… 200g
ころも
　薄力粉 …… 適量
　溶き卵 …… 適量
　パン粉（細かくつぶしたもの。p.19）
　　…… 適量
揚げ油（E.V. オリーブオイル）…… 適量
詰め物
　合いびき肉 …… 200g
　玉ねぎ（小角切り）…… 1/8個分
　にんじん（小角切り）…… 1/6本分
　セロリ（小角切り）…… 1/6本分
　白ワイン …… 20ml
　溶き卵 …… 20g
　パルミジャーノ …… 40g
　レモンの皮（すりおろす）…… 1/3個分
　ナツメグパウダー …… 適量
　塩、こしょう …… 各適量
　E.V. オリーブオイル …… 適量

作り方

1 グリーンオリーブはザルにあけて水分をきっておく。

2 詰め物を作る。フライパンにE.V. オリーブオイルと玉ねぎ、にんじん、セロリを入れ、中火で炒める。しんなりしてきたら合いびき肉を入れて炒め、火が入ったら塩をふり、白ワインを加える。少し煮詰めてアルコール分と水分を飛ばす。フードプロセッサーに入れてペースト状に攪拌する。

3 ボウルに移し、底に氷水をあてて粗熱をとる。ナツメグとレモンの皮を入れて混ぜ、卵とパルミジャーノも加えて混ぜる。塩、こしょうで味をととのえる。

4 1のオリーブに包丁で縦に切り目を入れる（切り離さない。**a**）。詰め物を小さくすくってオリーブに詰める（**b**）。周りに薄力粉、溶き卵、パン粉を順にまぶす（**d**）。

● 詰め物はオリーブからはみ出るくらいに詰める（c）。

5 170〜180℃の揚げ油で揚げる。オリーブが浮き上がり、パン粉がきつね色に色づけば揚げ上がり。ペーパータオルで油をきる。

Wine Recommend

お酒を片手に食べたくなる、おつまみにぴったりな逸品。お肉の脂と旨みにオリーブの酸味が合わさり、ついつい手が伸びてしまいます。軽快な泡のスパークリングワインでも、キリッとさっぱりとした白ワインでも、果実味ある赤ワインでも、お酒を選ばない前菜です。ワインコラムなので本来はワインを提案するところですが、個人的には軽快な泡とほろ苦さのあるビールやハイボールと楽しみたいお料理です。（杉澤）

イタリア、地方の味わい《Antipasto》

78

器／ヴェール

Caponata
カポナータ

シチリア州 *Sicilia*

カポナータの生まれ故郷はシチリアですが、地域により、作る人により作り方にも微妙な違いがあっておもしろいです。僕のレシピはリーパリ島のレストラン「フィリッピーノ」で教わったもの。主役のなすを大きく肉厚にし、存在感を高めることを大事にしています。

材料(3人分)

- なす(厚めの輪切り) ── 4本分
- セロリ(小口切り) ── 100g
- 玉ねぎ(大きめの角切り) ── 1/2個分
- グリーンオリーブ(塩水漬け。縦に2等分) ── 10粒分
- ケイパー(酢漬け) ── 15g
- 松の実* ── 15g
- バジリコ ── 適量
- グラニュー糖 ── 15g
- 白ワインビネガー ── 20ml
- ホールトマト(缶詰) ── 100g
- 塩 ── 適量
- E.V. オリーブオイル ── 適量
- 揚げ油 ── 適量

仕上げ
- イタリアンパセリ ── 適量

*松の実／そのままでもよいが、軽くローストしておくと香ばしさが増す。

作り方

1 なすは180℃の揚げ油で、こんがりと濃いきつね色になるまで揚げる。ペーパータオルにのせて油をきり、塩をふる。

2 セロリは塩湯(分量外)で2分ほどゆで、湯をきる。

3 フライパンにE.V. オリーブオイルと玉ねぎを入れて中火で炒める。途中で2のセロリを加え、玉ねぎがしんなりしたら軽く塩をふる。グリーンオリーブ、ケイパー、松の実を入れて炒め合わせたのち、グラニュー糖をふり入れてよく混ぜる。白ワインビネガー、ホールトマトを加えて混ぜ、煮詰める。最後に1のなすを入れて和え、バジリコをちぎって加え混ぜる。

盛り付け

器に盛り、イタリアンパセリを飾る。

Mini Column

なすは種類が多いので、作るたびに種類を変えてみるとおいしさの変化を楽しめると思いますよ。野菜はすべて揚げる人、すべて炒める人などさまざまですが、このレシピはなすを揚げ、セロリをゆで、玉ねぎを炒めと、下処理が違うところが特徴です。食べる温度帯は熱々、常温、冷製とすべてにパーフェクト。ただし、煮上げたら30分はおいて味を落ち着かせます。1日おくと、また別もののおいしさになるのも驚きです。

Wine Recommend

なすが主役の野菜料理ですが副材料もたくさんですね。こちらでは、シチリア土着品種[カッリカンテ]で造ったワインを合わせてみます。非常に酸がしっかりしている葡萄で、その酸を和らげるために醸造技術を生かしたワインが多いです。なすには豊富な栄養素と少し苦みを感じるポリフェノールも含まれています。松の実にも同様にタンニンが含まれています。カッリカンテが持つ酸味と塩や苦みを感じるミネラル分が、これらの味わいとしっかりつながり、より深みを感じさせてくれます。(鈴木)

イタリア、地方の味わい〈Antipasto〉

80　　　　　　　　　　　　　　　　　　器／ヴェール

Sarde alle mandorle
いわしのアーモンド衣焼き

シチリア州 *Sicilia*

シチリアの家庭料理です。いわしも、うろこに見立てたアーモンドも、シチリアの特産品。身近な食材から生まれた庶民の味ですね。焼けたアーモンドは風味がよく、青魚の生臭みも抑えてくれます。あじ、めかじき、さわら、さばなど、普段の魚をお洒落に楽しみましょう。

材料(3人分)

いわし —— 大3尾
アーモンド(スライス) —— 20g
薄力粉 —— 適量
卵白(泡立て器で溶きほぐす) —— 1個分
塩 —— 各適量
E.V. オリーブオイル —— 適量
仕上げ
パセリ —— 適量
レモン(厚切り) —— 適量

作り方

1 いわしの頭と内臓を取り除き、水洗いして水分を拭き取る。包丁、または手開きで一枚に開き、両端の腹骨を包丁ですき取る。両面に塩と薄力粉をまぶし、皮の面のみ卵白をつけてアーモンドを貼り付ける。

- アーモンドは重ねながら面いっぱいに付けて、うろこに見立てる。はがれやすいので、焼く直前にも確認し、取れていれば付け直す。

2 フライパンにE.V. オリーブオイルを入れて弱火にかけ、アーモンドの面を下にしていわしを入れ、時間をかけて焼く。アーモンドに香ばしさが出て焼き色がしっかりついたら裏に返し、身の面を焼く。

- アーモンドは焦げやすいのでごく弱火で。

盛り付け

器に盛り、パセリとレモンを添える。

Wine Recommend

魚料理なので白ワインと言いたいところですが、私のイチオシはシチリアの土着品種[フラッパート]。力強く濃いワイン産地のイメージですが、柑橘のアロマを感じる軽快で柔らかなワインです。青魚特有の香りを感じさせず、旨みや脂の甘みに対してジューシーな果実味と酸味が料理を引き立てます。柑橘を使うシチリア料理にはもちろん、酢締めにした青魚のマリネもぴったりです。(杉澤)

イタリア、地方の味わい《Antipasto》

82　器／ノリタケ

Arancini
アランチーニ
☆オレンジ形のライスコロッケ

シチリア州 *Sicilia*

渡伊前にもブッフェ料理で知っていたとはいえ、シチリアで見たそれがあまりに大きく、ボリュームがあるのに目を見張りました。ピラフ風に炊いた米を丸めてコロッケにしますが、ハムとモッツァレッラ入りは基本形。キノコのソテーやミートソースなど具材は自由です。

材料（4人分）

- 米 —— 250g
- ロースハム（みじん切り） —— 40g
- モッツァレッラ（みじん切り） —— 100g
- 鶏のブロード*（p.149） —— 300ml
- バター —— 30g
- パルミジャーノ —— 40g
- ころも
  - 薄力粉 —— 適量
  - 溶き卵 —— 適量
  - パン粉（細かくつぶしたもの。p.19）
- 塩 —— 適量
- 揚げ油 —— 適量
- 仕上げ
  - トマトソース（下記） —— 適量
  - パルミジャーノ —— 適量
  - ローズマリーの小枝 —— 適量

＊鶏のブロード／熱くしておく。市販のブイヨンキューブで作っても。

作り方

1 ボウルに詰め物用のロースハムとモッツァレッラを入れ、軽くつぶすようにして混ぜておく。

2 鍋にバター15gを入れて弱めの中火にかけ、溶け始めたら米を炒める。米がバターでコーティングされて透き通ってきたら、熱いブロードを加えて塩をふる。強火で沸かしたのち、蓋をして弱火で10分ほど炊く。

● 米を炒める時は焦げつかせないように。やや柔らかめに炊いたほうが整形しやすい。

3 炊いた米をほぐし、バター15gとパルミジャーノを混ぜる。バットにあけて粗熱をとる。

4 手で握り、中心に**1**のハムとモッツァレッラを詰めて球形にする。大きさは好みで。周りに薄力粉、溶き卵、パン粉の順にころもをつける。

5 160℃の揚げ油で10分ほどかけてゆっくりと揚げ、最後に170℃に上げて香ばしい揚げ色をつける。ペーパータオルで油をきる。

盛り付け

器にトマトソースを敷き、アランチーニを並べる。中心にローズマリーの短い枝を刺し、パルミジャーノをふる。

トマトソースの作り方

＊缶詰のトマトソースで代用してもよい。

材料（作りやすい分量）

- ホールトマト（缶詰） —— 400g
- にんにく（みじん切り） —— 1片分
- 玉ねぎ（みじん切り） —— 大さじ1
- バジリコ —— 1枝
- E.V. オリーブオイル —— 適量
- 塩 —— 適量

作り方

1 ホールトマトはボウルに入れて、泡立て器でつぶしておく。鍋にE.V.オリーブオイルを入れ、にんにくを炒め、香りが出たら玉ねぎをよく炒めて旨みや甘みを引き出す。ホールトマトを加えて強火にし、沸いたら弱火で30分ほど煮込む。塩で調味し、バジリコをちぎって加え混ぜる。

Wine Recommend

シチリア州やナポリで食べられるストリートフード。泡、白、赤、どれと合わせても楽しめると思います。泡であれば[プロセッコ]のような軽やかなタイプ、白であれば[グレコ]種や[カタラット]種のような果実味豊かでキリッと酸があるタイプ、赤であれば[ネロ・ダーヴォラ]種の赤いベリーの果実味と柔らかな酸がある軽めのタイプ。材料や味つけによっても異なりますが、手軽に食べられる料理なので、カジュアルなワインがいいと思います。（杉澤）

イタリア、地方の味わい《Primo Piatto》

器/ヴェール

Pizzoccheri
ピッツォッケリ

☆ちりめんキャベツとチーズのそば粉のパスタ

ロンバルディア州 *Lombardia*

そば粉で作るこのパスタ料理は、スイス国境に近いヴァルテッリーナ渓谷の名物料理。一度食べてみたいと思っていた修業の後半、幸運にも同僚に同地出身がいて教えてくれました。寒い地方だけあって高カロリー食。現地よりバターやチーズの量を抑えています。

材料（2人分）

ピッツォッケリ
（そば粉のパスタ）*
- そば粉 —— 75g
- 強力粉 —— 50g
- 全卵 —— 1/2個分
- 牛乳 —— 25ml
- 水 —— 25ml
- 塩 —— 適量
- そば粉または強力粉
  　（打ち粉用）—— 適量

ちりめんキャベツ*（ざく切り）
  　—— 1/8個
じゃがいも（角切り）—— 1個分
にんにく（つぶしたもの）
  　—— 1/2片
セージ —— 2枝
バター —— 60g
パルミジャーノ —— 30g
フォンティーナチーズ*
  　（小角切り。あれば）—— 50g
塩 —— 適量

＊日本の二八そばと同じで、現地でもそば粉8：小麦粉2の配合が多いが、グルテンのないそば粉は生地がまとまりにくいので、このレシピではそば粉6：小麦粉4の配合で。フードプロセッサーで回して生地をまとめる方法でもよい。

＊ちりめんキャベツ／冬キャベツで代用しても。

＊フォンティーナチーズ／現地では地元産の山のチーズ「ビット」で作る。

作り方

1 そば粉のパスタを作る。ボウルにそば粉、強力粉、卵、牛乳、塩を入れて泡立て器で混ぜ、水を加えて手でまとめていく。固まりになったら台に取り出し、打ち粉をしながらよくこねる。丸めてラップで包み、30分ほどやすませる。

- こねる際は、手のひらの付け根で強く押しのばしては内側へ丸める工程を繰り返す。向きも少しずつ変えて均等にこねる。

2 1の生地に打ち粉をしながら、めん棒でシート状にのばして厚さ2～3mmにする。包丁で1～2cm幅、長さ7～10cmの長方形に切り分ける。

3 深鍋に湯を沸かし、塩を入れてじゃがいもをゆで始める。2分ほどしてちりめんキャベツ、そば粉のパスタを入れてじゃがいもが柔らかくなるまで計10分ほどゆでる。

4 その間に、小さいフライパンにバターとにんにくを入れて中火にかけて溶かし、セージを加えバターが薄く色づくまで温める。火を止めておく。

5 3の具材とパスタがゆで上がったら、湯をきって別のフライパンに入れ、2種類のチーズをかける。蓋をしてパスタのゆで鍋にのせるなどして余熱で温める。4のセージバターを温め直して熱々をパスタにかけ、よく混ぜる。

盛り付け

にんにくを取り除いて器に盛る。

Wine Recommend

チーズとバターの濃厚なパスタ。しっかりめのワインを合わせたいですが、パスタ料理なので重すぎないタイプがいいいですね。[キアヴェンナスカ] 種の赤ワインはおすすめです。この葡萄、ピエモンテ州では [ネッビオーロ] と呼ばれています。バローロに代表される、しっかりした酸とタンニンのある長期熟成タイプのワインを造る葡萄ですが、土壌の違いでロンバルディア州ではピエモンテに比べてエレガントなワインに仕上がり、現行ヴィンテージでも楽しめます。[キアヴェンナスカ] を知っていたらかなりマニアックです。（鈴木）

イタリア、地方の味わい 《Primo Piatto》

Penne al prosciutto, parmigiano e aceto balsamico
生ハム、パルミジャーノ、バルサミコ酢のペンネ

エミリア=ロマーニャ州 *Emilia-Romagna*

世界的に知られるこの土地の偉大な産物3つがそろい踏み。とくにバルサミコ酢を贅沢にソースに使う利用法は目を引きます。個々に味わってもおいしいものばかりですから、だれが作っても絶対にうまくできること間違いなし。パスタの種類はペンネに限らず自由にどうぞ。

材料（2人分）

ペンネ —— 100g
塩 —— ゆで汁用の湯の1%

生ハム（細切り）—— 2枚
パルミジャーノ —— 10g
バルサミコ酢＊ —— 50ml
生クリーム —— 150ml
バター —— 15g
E.V. オリーブオイル —— 適量
塩 —— 適量

＊バルサミコ酢／濃度のある甘みの強いものならそのままで。濃度が薄く酸味の強い製品は、倍量の100mlを半量に煮詰めたものを使う。

作り方

1 鍋に湯を沸かして塩を入れ、ペンネをゆでる。

2 フライパンにE.V. オリーブオイルをひいて中火にかけ、生ハムを炒める。いったん取り出して、同じフライパンにバルサミコ酢を加えて温める。生クリームも加えて温め、塩で味をととのえる。生ハムを戻し入れて火を止めておく。

● 生ハムは、ややカリッとするまで炒る感じで炒める。

3 ペンネがゆで上ったら**2**のソースを中火にかけて温め、湯をきったペンネを入れてからめる。塩、バター、パルミジャーノを加え混ぜる。

Wine Recommend

濃厚なクリームとバルサミコ酢の甘み。エミリア＝ロマーニャ州の微発泡ワイン［ランブルスコ］はいかがでしょう。アルコール度数も低く、飲みやすい口当たりから、私は"大人のファンタグレープ"と呼んでいます。チャーミングな赤いベリーの果実味と微発泡の軽やかさ。バルサミコ酢の甘酸っぱい味わいに合いますし、生ハムやクリームをさっと洗い流してくれて、口をリセットすることで飽きずに食べ進めることができます。（杉澤）

イタリア、地方の味わい 《Primo Piatto》

Acquacotta
アクアコッタ ☆"水で煮る"パン入り野菜スープ

水で煮た野菜に卵を落とし、硬くなったパンを浸して食べる質素なスープ。
トスカーナの南端、マレンマ地方の古くからの伝統食です。レストランではブイヨンを使ったり、
野菜やきのこを盛りだくさんで仕立てたりしますが、家庭でならこの素朴さが味わい深いと思います。

材料（2～3人分）

- 玉ねぎ（繊維に垂直に薄切り） …… 1個分
- セロリ（葉付き。薄切り） …… 1本分
- ホールトマト（缶詰）* …… 500g
- 水 …… 225ml
- バジリコ …… 1/2パック
- 全卵 …… 1人分1個
- パルミジャーノ* …… 適量
- パン*（薄切り） …… 適量
- E.V. オリーブオイル …… 適量
- 塩 …… 適量

＊ホールトマト／サンマルツァーノ種など水分の少ない調理用トマトが向く。
＊パルミジャーノ／本場で使われる羊乳チーズのペコリーノ・ロマーノでも。
＊パン／バゲットやカンパーニュ（田舎パン）などハード系を。

作り方

1 深さのあるフライパン（または深鍋）にE.V. オリーブオイルを入れて中火にかけ、玉ねぎ、セロリを炒める。しんなりしたらホールトマトを入れて軽く炒める。分量の水を加え、塩をふって沸騰させたら、蓋をして弱火で40分煮込む。

- 野菜が柔らかくなり、水分が少し煮詰まった感じに仕上げる。

2 塩で味をととのえ、バジリコをちぎりながら加え混ぜる。卵を割り入れ、蓋をして卵の表面が固まるまで弱火で火を入れる。

- 溶き卵をスープに流してとじるスタイルもある。

盛り付け

パンをトーストし、小さくちぎって器に敷き、パルミジャーノをかける。野菜スープをたっぷりと盛り、卵をのせて好みでパルミジャーノとE.V. オリーブオイルをかける。

アクアコッタの別仕立て

野菜スープはバジリコを加えたところで火からおろす。器にトーストしたパンをちぎって入れ、パルミジャーノとE.V.オリーブオイルをかけて野菜スープを盛る。ここに卵を割り入れ、パルミジャーノとE.V.オリーブオイルをかけ、蒸し器で蒸すかオーブンで焼く。

Wine Recommend

アクアコッタをスープではなく野菜料理としてのご提案です。トスカーナと言えば[サンジョヴェーゼ]種ですが、育つ地域によって特徴が異なります。トスカーナの端っこマレンマで造られる同種は[モレッリーノ]と呼ばれ、内陸のサンジョヴェーゼ種より酸が穏やかで果実味も豊かな親しみやすいワイン。滋味深い野菜料理にはもちろん、幅広い料理に寄り添ってくれます。より軽やかに楽しみたい時には同品種のロゼワインもおすすめです。(鈴木)

トスカーナ州 *Toscana*

Cipollata
チポッラータ
☆朝食におすすめの玉ねぎスープ

友人宅でごちそうなったトスカーナ、ウンブリアの家庭料理。おもな材料は玉ねぎ、生トマト、水なので、さっぱりとして、食欲のない朝でもするりと喉を通るんです。肉系がほしければベーコンやソーセージを加えてもいいし、チーズを加えるなどアレンジはいかようにでも。

材料(2人分)

玉ねぎ*(厚切り) ── 1 1/2個分
トマト
　(桃太郎タイプ。ざく切り) ── 3個分
水 ── 適量
全卵 ── 2個
バゲット(薄切り) ── 2枚
E.V.オリーブオイル ── 適量
塩、こしょう ── 各適量

＊玉ねぎ／新玉ねぎの場合は倍量の3個で。

作り方

1 フライパンにE.V.オリーブオイルと玉ねぎを入れ、中火で炒める。最初は油となじませ、水分を出すように炒めていく。玉ねぎには色をつけない。塩をふり、トマトを加えて混ぜる。水分が少なめのスープ状になるよう水を少量補い、蓋をして弱火で10分ほど煮る。

2 塩で味をととのえ、卵を割り入れ、蓋をして卵が固まるまで火を入れる。

盛り付け

バゲットを軽くトーストして器に敷く。玉ねぎのスープを盛り、卵をトップにのせる。好みでこしょうとE.V.オリーブオイルをかける。

器／ヴェール(p.88〜89)

イタリア、地方の味わい《Primo Piatto》

90　器／ヴェール

Gnocchi di ricotta ai spinaci
リコッタとほうれん草のニョッキ、海老とトマトのソース

トスカーナ州 *Toscana*

ニョッキはじゃがいもやかぼちゃで作るものが知られていますが、チーズ、豆、野菜がベースのものも。リコッタとほうれん草で作るこのニョッキは1軒目の修業先、星付きリストランテの「エノテーカ ピンキオーリ」で作っていた懐かしの料理。軽く柔らかでお洒落な仕立てです。

材料（2人分）

ニョッキ
- リコッタ —— 140g
- ほうれん草 —— 45g
- 強力粉 —— 40g
- 塩 —— ゆで汁用の湯の1%

海老とトマトのソース
- 海老*（身を小角切り）—— 4尾分
- フルーツトマト（皮を湯むきして種を取り、角切り）—— 1個分
- にんにく（みじん切り）—— 1片分
- バジリコ —— 4枚
- ブランデー —— 適量
- E.V.オリーブオイル —— 適量
- 塩 —— 適量

＊海老／種類はなんでも。海老やトマトの分量は好みで増減を。

準備
ペーパータオルをザルに重ねてリコッタを入れ、一晩冷蔵庫で水きりする。水きり後の125gを使う。

作り方

1 ニョッキ生地を作る。ほうれん草を塩ゆでして水気を絞り、ざく切りにする。リコッタとともにフードプロセッサーにかける。ボウルに入れ、強力粉を加えて（**a**）、ゴムベラでさっくりと混ぜる（**b**）。絞り袋の先端をハサミで切って直径1cm強の穴を作り、生地を袋に詰める。

2 ソースを作る。フライパンにE.V.オリーブオイルとにんにくを入れて中火にかけ、香りが出てきたら海老を炒める。塩をふり、ブランデーを加えてフランベし、アルコール分を飛ばす。トマトを加え、塩をふって軽く煮詰める。

3 深鍋に湯を沸かし、塩を入れる。湯の真上でニョッキ生地を絞り出し、包丁で1.5cm長さに切りながら湯に落とす（**c**）。1分ほどゆでると水面に浮いてくるので（**d**）、軽くゆでてから網杓子ですくって氷水に落とす。

4 2のソースを強火で温める。ニョッキを網杓子ですくってペーパータオルにのせ、水分をきってソースに入れる。塩、E.V.オリーブオイル、バジリコをちぎって加え、よく和える。

a　b　c　d

Wine Recommend
リコッタチーズを使った軽い口当たりのニョッキと海老とフレッシュトマトの旨みのソース。[サンジョヴェーゼ]種の酸味とフレッシュな果実味と一緒に楽しみたい料理です。イタリアを代表する葡萄品種で、カジュアルに楽しめるものから高級ワインまで幅広く揃います。オムライスやナポリタンなどのケチャップを使った料理やハンバーグやハヤシライスなどのお肉料理でも楽しめます。（杉澤）

イタリア、地方の味わい 〈Primo Piatto〉

器／ヴェール

カンパーニア州 *Campania*

Spaghetti al limone
レモンのスパゲッティ

ナポリ近くのソレント半島は町中がレモン色に染まる大産地。ですから、レモンとバターとチーズのみで和えるこんなパスタ料理があるんです。たったそれだけ？とお思いでしょうが、酸味と少しの苦みがとてもさわやか。生クリームと帆立を加える応用編もおすすめです。

材料（1人分）

スパゲッティーニ —— 80g
塩 —— ゆで汁用の湯の1％

レモン汁 —— 1個分
レモンの皮（すりおろす）—— 1個分
ペコリーノ・ロマーノ
　（またはパルミジャーノ）—— 40g
バター —— 30g
塩 —— 適量

作り方

1 鍋に湯を沸かして塩を入れ、スパッゲッティーニをゆでる。

2 フライパンにバターを入れて中火で溶かし、湯をきったスパッゲッティーニを入れてからめる。レモン汁を入れてよくからめ、塩で味をととのえる。火を止め、ペコリーノを加えて混ぜ合わせ、レモンの皮（少量を仕上げ用に残す）をふってさらに混ぜる。

盛り付け

器に盛り、取りおいたレモンの皮をふる。

動画サイトではレモンの代わりに「カボスのパスタ」を紹介しています。作り方の工程は同じですので参考にしてください。

Wine Recommend

カンパーニア州の白葡萄は主に3種類［フィアーノ］、［グレコ］、［ファランギーナ］です。このパスタには［ファランギーナ］種を選んでみました。3種の中では、比較的果実味がしっかりしていて乳製品を使った料理との相性もよいです。ハーブや柑橘を思わせる香り、酸もしっかりしていてその豊かな果実味をしっかり支えている感じです。この品種はカジュアルラインが多いのもうれしいところです。（鈴木）

93

イタリア、地方の味わい 《Primo Piatto》

器／ヴェール

Gnocchetti alla pescatora
小さなニョッキ、魚介ソース

カンパーニア州 *Campania*

アクアパッツァを伝授されたソレント郊外「ドン・アルフォンソ」の料理です。
小ぶりのニョッキ(ニョッケッティ)と地元で獲れる魚介のソースですが、一番印象的だったのは、
地域の特産チーズ、スカモルツァ。燻香と余熱で溶けたとろりとした食感が抜群のマッチングでした。

材料(2人分)

ニョッケッティ
- じゃがいも(塩ゆでして皮をむいたもの) —— 200g
- 薄力粉 —— 80g
- ナツメグパウダー —— 適量
- 全卵 —— 1/2個分
- パルミジャーノ —— 大さじ1/2
- 塩 —— ひとつまみ
- 薄力粉(打ち粉用) —— 適量

魚介ソース
- 海老(身を小角切り) —— 4尾
- あさり(殻付き) —— 12個
- フルーツトマト(皮を湯むきし、種を取ったもの。小角切り) —— 2個分
- にんにく(みじん切り) —— 少量
- 白ワイン —— 30ml
- バジリコ —— 5枚
- E.V. オリーブオイル —— 適量

仕上げ
- スカモルツァチーズ* —— 適量

*スカモルツァチーズ/モッツァレッラと同タイプだが、水分は少ない。プレーンと燻製がある。

準備
あさりは水か白ワイン(分量外)で蒸し煮にして、殻が開いたら、身と汁を分ける。

作り方

1 ニョッケッティを作る。ゆでたじゃがいもを熱いうちに裏ごしするかマッシャーでつぶす。ボウルに入れて、薄力粉をふるいにかけながら加える。へらなどでさっくり混ぜ、ナツメグを加える。生地が冷めたら卵、パルミジャーノ、塩を加えて混ぜる。台に取り出し、軽く手でこねてなめらかな生地にする。

● じゃがいもが熱いうちに卵を加えると固まるので、必ず生地が冷めてから加える。

2 1の生地に打ち粉をして適宜に切り分け、両手のひらで転がして直径1cm弱の細長い棒状にする。小さく斜めに切り、打ち粉をしたバットに並べる。

3 魚介ソースを作る。フライパンにE.V.オリーブオイルとにんにくを入れ、中火で炒める。香りが出てきたら海老を炒め、赤くなってきたら白ワインを加えてアルコール分を飛ばす。あさりの汁を適量加えて煮詰め、トマトとあさりの身を入れてからめながらさっと煮る。

4 鍋に湯を沸かして塩(分量外)を入れ、ニョッケッティを中火でゆでる。水面に浮いたら弱火にして軽くゆでる。

● 最初に入れたものは鍋底にくっつきやすいので、木べらで鍋底をかくように混ぜておく。強火だと生地が崩れるので火加減に注意。

5 3のソースを温め、ニョッケッティを網杓子ですくって加え、ソースをからめながら軽く煮る。バジリコをちらし、E.V.オリーブオイルをかけて和える。

盛り付け
器に盛り、スカモルツァをすりおろしてかける。

Wine Recommend

ソースの色調に合わせて、ロゼワインはいかがでしょう。白ワインのさっぱりとした酸味と赤ワインの果実味、そしてほのかにタンニンを持ち合わせています。この料理には、海老の旨み、トマトの甘酸っぱさ、ニョッキとチーズのコクと、いろいろな味の要素があり、幅広い要素に合わせられるのがロゼです。赤なら[サンジョヴェーゼ]種など、きれいな酸のあるタイプや[ネロ・ダーヴォラ]種の果実味のあるタイプ、どちらもおすすめです。(杉澤)

イタリア、地方の味わい 《Primo Piatto》

Orecchiette ai broccoli
ブロッコリのオレッキエッテ

プーリア州

日本にもすっかり浸透した耳たぶ形のパスタ、オレッキエッテ。そしてブロッコリソース。この料理で大事なのは、とろみが出るくらいにくたくたにゆでたブロッコリで和えること。日本人には抵抗のあるくたくた野菜ですが、これでなければ本当のおいしさが味わえません。

材料(2人分)

オレッキエッテ —— 下記の全量
　（または市販の乾燥品　120g）
塩 —— ゆで汁用の湯の1％

ブロッコリ*（ざく切り）—— 130g
にんにく（みじん切り）—— 適量
アンチョビのフィレ —— 2枚
赤唐辛子 —— 少量
E.V.オリーブオイル —— 適量
塩 —— 適量

*ブロッコリ／ブロッコレッティや菜の花でも。

動画サイトではブロッコリソースの代わりに「菜の花のソース」を紹介しています。

作り方

1 鍋に湯を沸かして塩を入れ、オレッキエッテを10分ゆでる。途中、4分ほどでブロッコリを加えて一緒にゆで上げる。

- ブロッコリはかなり柔らかく、くたっとするまでゆでる。

2 フライパンにE.V.オリーブオイルとにんにくを入れて中火にかける。香りが出てくるまで炒めたら、アンチョビと赤唐辛子を入れる。ゆで汁少量を加えて焦げ付かないように炒める。オレッキエッテがゆで上がるまで火を止めておく。

3 2のソースを中火にかけ、オレッキエッテとブロッコリを一緒に湯をきり、加える。ブロッコリがソース状になるようにつぶしながら炒め合わせ、最後に塩とE.V.オリーブオイルで味をととのえる。

オレッキエッテの作り方

材料(2人分)
薄力粉 —— 35g
強力粉 —— 140g
塩 —— ひとつまみ
水 —— 90ml
強力粉（打ち粉用）
　 —— 適量

作り方

1 ボウルに薄力粉、強力粉、塩を合わせる。水を少量ずつ加えながら泡立て器やフォークなどで混ぜる。まとまっていない状態でよいので台に取り出し、手でこねて固まりにまとめる。打ち粉をしながら、耳たぶの柔らかさになるまでよくこねる。生地の表面をなめらかに丸く整えてラップで包み、30分やすませる。

- こねる際は、手のひらの付け根で強く押しのばしては内側へ丸める工程を繰り返す。向きも少しずつ変えて均等にこねる。
- 現地ではセモリナ粉で作るのが一般的。

2 生地を平らに押しつぶして細く切り、それぞれを両手のひらで転がして丸め、直径1cm弱の棒状にする。端から小片に切る。1個ずつ、親指で押してくぼみを作り、反対側に押し戻すようにしてくぼみを逆にする。

- ゆでるまでは濡れ布巾をかぶせて湿度を保つ。あるいはバットに広げて乾燥、または冷凍してもよい。

Wine Recommend

プーリア州のワインはコスパがよくて個性豊か。土着品種も多いのですが、残念ながらあまり知られていない品種がほとんどです。アンチョビの旨みがしっかり味わえるこの一品。白なら[ヴェルデーカ]種。キリッとした酸味が特徴で後口もさっぱり。赤なら[ネーロ・ディ・トロイア]種。フランス、ローヌ地方の[シラー]に似た印象ですが、オーストラリア産の濃い印象ではなく、ほどよいタンニンときれいな酸味が味わえます。（鈴木）

イタリア、地方の味わい《*Primo Piatto*》

器／ヴェール

Bucatini all'amatriciana
ブカティーニのアマトリチャーナ

ラツィオ州／アブルッツォ州

日本ではナポリタンの原形と聞いていたアマトリチャーナ。ローマで初めて本場のものを食べて違いに驚きましたね。ポイントは旨みと塩気のきいたパンチェッタの風味を最大限引き出すこと。塩、オイル、トマトは控えめに。チーズもコクの強いペコリーノが理想です。

材料（2人分）

ブカティーニ —— 160g
塩 —— ゆで汁用の湯の1％

パンチェッタ＊（棒切り）—— 70〜80g
にんにく（みじん切り）—— 1/2片分
玉ねぎ（薄切り）—— 70〜80g
ホールトマト（缶詰）—— 240〜300g
ペコリーノ・ロマーノ＊（すりおろす）
　—— 大さじ6
E.V. オリーブオイル —— 適量
塩、黒こしょう —— 各適量

＊パンチェッタ／あまり細く切らず、少し幅や厚みをもたせたほうが風味が活きる。
＊ペコリーノ・ロマーノ／なければパルミジャーノでも。

作り方

1 鍋に湯を沸かして塩を入れ、ブカティーニをゆでる。

2 フライパンにE.V. オリーブオイルとにんにくを入れ、中火にかける。熱してきたら弱火にし、にんにくが薄く色づいて香りが出るまで炒めてから、パンチェッタと玉ねぎを入れて炒める。

● パンチェッタは脂分をじんわりと溶かし出すように炒める。

3 パンチェッタの脂が透明になり、玉ねぎに火が入ったらホールトマトを加え、混ぜる。水を大さじ2（分量外）ほど加えてのばし、塩、黒こしょうをふる。弱火にして数分煮込み、濃度を出す。

4 3のソースに湯をきったブカティーニを入れて、何回も混ぜてソースをよくからめる。火を止め、ペコリーノをふってよく混ぜる。

盛り付け

器に盛り、ペコリーノ（分量外）をふる。

Wine Recommend

パスタの中でもメジャーな人気の一皿。同じラツィオ州のワインで合わせるとしたら、白なら［フラスカーティ］を。ふっくらとした果実味と穏やかな酸味が好相性。赤ワインなら、トマトの甘酸っぱい味わいとチーズのコクから連想するのは［バルベーラ］種。豊かな酸があり、タンニンも柔らかく飲みやすいはず。パスタ料理なので肩ひじ張らずにラフにカジュアルなワインで合わせるのが楽しいと思います。（杉澤）

イタリア、地方の味わい 《Primo Piatto》

器／ヴェール（p.100〜101）

Spaghetti alla carettiera
スパゲッティ・カレッティエーラ

各地に広まったカレッティエーラ（車夫風）の原形といわれるシチリア版。材料はほぼアーリオ・オーリオでチーズが加わります。しかも調理道具はボウルひとつ。調味料とゆでたパスタにゆで汁とチーズを少しずつ加えては混ぜる。簡単に手早く作る車夫の知恵です。

材料（2人分）

スパゲッティーニ —— 160g
塩 —— ゆで汁用の湯の1%

にんにく（みじん切り）—— 少量
赤唐辛子（小口切り）
　　—— 小1〜2本分
パセリ（粗みじん切り）—— 適量
E.V. オリーブオイル
　　—— 20ml
ペコリーノ・ロマーノ*（すりおろす）
　　—— 50g

*ペコリーノ・ロマーノ／パルミジャーノなど他の粉チーズでも。

作り方

1 鍋に湯を沸かして塩を入れ、スパゲッティーニをゆでる。

2 ボウルにE.V. オリーブオイル、にんにく、赤唐辛子、パセリを合わせておく。

3 スパゲッティーニの湯をきり、湯は別鍋（またはボウル）で受ける。スパゲッティーニを**2**のソースに入れて湯の入った鍋にのせる。ペコリーノとゆで汁を少量加えながらゴムベラでしっかり混ぜ、余熱で火を入れる。

● 湯の上でからめると、料理が冷めず、また熱でチーズが溶けてとろみが出る。

Wine Recommend

少し冒険になります。マスカット系の辛口ワインはいかがでしょう。［モスカート］［ジビッボ］などと呼ばれる品種です。南国フルーツを思わせるもの、ハーブ系に寄ったもの、またはそれらが混ざったもの等々。いずれにせよ、チーズやにんにくを主役にした濃厚な味わいや、ケイパーとアーモンドのコクのある風味にはおもしろい化学反応が楽しめると思います。（鈴木）

Spaghetti al pesto di capperi
ケイパーペーストのスパゲッティ

シチリア州 *Sicilia*

シチリアで衝撃を受けたパスタです。修業先の「フィリッピーノ」があったエオリア諸島はケイパーの大産地。ケイパーを風味のアクセントくらいの役割にしか思っていなかった僕には、ソースにする発想も、使うケイパーの量も驚きでした。想像を超える美味を味わってください。

材料（1人分）
- スパゲッティーニ —— 80g
- 塩 —— ゆで汁用の湯の1％
- ケイパーペースト（作りやすい分量）
  - ケイパー*（塩漬け、酢漬け） —— 各20g
  - アーモンド（生、皮付き） —— 4粒
  - 赤唐辛子（種を取る） —— 小1/2本
  - トマトソース（p.83） —— 40g
  - バジリコ —— 6枚
  - E.V.オリーブオイル —— 80ml
- 仕上げ用
- ケイパー、バジリコ —— 各適量

*ケイパー／塩漬けは酢漬けより旨みが濃いので、ぜひ使いたい。水に半日さらして塩抜きし、軽く絞って使う。(p.185)

作り方
1. アーモンドを10分ほどゆでる。布で挟んでこすり、皮をむく。ケイパーペーストの全材料をミキサーで回してペーストにする。
- アーモンドの旨みはこのペーストに欠かせない。皮に苦みがあるのでゆでてむき取る。
2. 鍋に湯を沸かして塩を入れ、スパゲッティーニをゆでる。
3. フライパンにケイパーペーストを入れ、中火で温める。湯をきったスパゲッティーニを入れ、ゆで汁少量でのばして和える。

盛り付け
器に盛り、ケイパーとバジリコを飾る。

イタリア、地方の味わい 《Secondo Piatto》

Grissinopoli
グリッシノーポリ

…▶作り方はp.104参照

Cotoletta alla milanese
ミラノ風カツレツ ···>作り方はp.105参照

Cotoletta alla bolognese
ボローニャ風カツレツ
···>作り方はp.105参照

イタリア、地方の味わい 《Secondo Piatto》

Grissinopoli
グリッシノーポリ
☆グリッシーニがころも

ピエモンテ州 *Piemonte*

ピエモンテ在住歴15年の小林清一シェフ（イ・ボローニャ）に教わりました。
歴史に埋もれかけていた、かの地のカツレツ。パン粉の代わりにグリッシーニを使うので
旨みとザクザクの歯ごたえがおもしろい。低温から時間をかけて揚げる分、肉はしっとり仕上がります。

材料（2人分）
牛肩ロース肉（厚切り） ── 180g
グリッシーニ ── 5本
薄力粉 ── 適量
溶き卵 ── 適量
サラダオイル ── 適量
塩、こしょう ── 各適量
仕上げ
レモン（くし形切り） ── 1/2個分

作り方

1 グリッシーニをスプーンなどで小片に砕き、バットに広げる。
- 粉末だけにならないよう、形を残しながら砕く。

2 牛肉を肉叩きで叩いて薄く均一にのばし、スジを切ってから食べやすい大きさに切る。両面に塩、こしょうをふり、薄力粉、溶き卵をまぶす。1にのせて両面にグリッシーニを貼り付ける。
- 形がよく大きめのものを表の面に付ける（盛り付け時にこの面を上にする）。

3 フライパンにサラダオイルを多めに入れて中火にかけ、油が低温のうちに牛肉を入れて焼き始める（表の面を下に）。グリッシーニに焼き色がついてきたら裏返しにし、同様にじっくり焼き上げる。ペーパータオルにのせて油をきる。
- 肉の焼き加減はお好みで。グリッシーニの厚みがあるので、一般的なカツレツよりも肉の中心に火が通るまで時間がかかる。

盛り付け
器に盛り、レモンを添える。

Wine Recommend

お肉には赤ワインが欲しくなります。どんな赤ワインでも合うと思いますが、調理法や味わいに合わせて選ぶといいかもしれません。グリッシノーポリやミラノ風カツレツなど油を使う料理には、口内の脂を切るように［ネッビオーロ］、［サンジョヴェーゼ］などの酸がしっかりとある品種。ステーキなどお肉の味わいが前面に出ているものにはタンニンしっかりの［メルロー］、［カベルネ・ソーヴィニヨン］などのフルボディ・タイプがおすすめです。（杉澤）

Cotoletta alla milanese
ミラノ風カツレツ

ロンバルディア州 *Lombardia*

カツレツでもっとも有名なミラノ風。本来は仔牛肉ですが、豚ロース肉で満足度充分のおいしさです。チーズを混ぜたパン粉、溶き卵、同パン粉の順にころもをつけ、肉に密着させるのがイタリア流です。

材料（1人分）
豚ロース肉* ── 80g
パン粉 ── 適量
パルミジャーノ ── 適量
溶き卵 ── 適量
バター ── 適量
E.V. オリーブオイル ── 適量
塩 ── 適量
仕上げ
ほうれん草（ざく切り）── 適量
E.V. オリーブオイル ── 適量
塩 ── 適量
レモン（くし形切り）── 1/4個分

＊豚ロース肉／しょうが焼き用の薄切り肉ならそのままの厚みで調理。塩は片面のみふる。

作り方
1 厚みのあるロース肉は肉叩きで叩いて薄く均一にのばし、スジを切る。両面に塩をふる。パン粉にパルミジャーノを少量混ぜ、パン粉、溶き卵、パン粉の順にころもをつける。

2 フライパンにE.V. オリーブオイルとバターを入れて中火で溶かし、豚肉を入れる。ころもがきつね色に色づき、中心に火が通るまで両面を焼く。ペーパータオルにのせて油をきる。

盛り付け
フライパンにE.V. オリーブオイルをひいて強火にかけ、ほうれん草を炒めて塩をふる。湯を少量加え、強火のまま さっと炒める。器にカツレツを置き、ほうれん草とレモンを添える。

Cotoletta alla bolognese
ボローニャ風カツレツ

エミリア＝ロマーニャ州 *Emilia-Romagna*

カツレツはミラノ風と同様に。揚げたてにモッツァレッラなどチーズをのせて溶かし、生ハムをのせればボローニャ風に変身です。トマトソースやトマトサラダが好相性。

材料（1人分）
豚ロース肉 ── 100g
パン粉 ── 適量
パルミジャーノ ── 適量
溶き卵 ── 適量
パルミジャーノ（薄切り）── 10g
モッツァレッラ（薄切り）── 75g
生ハム（薄切り）── 1〜2枚
バター ── 適量
E.V. オリーブオイル ── 適量
塩 ── 適量
仕上げ
トマトソース＊（p.83）── 50g

＊トマトソース／代わりにヴィネグレットで和えたミニトマトでも。

作り方
1 「ミラノ風カツレツ」の作り方 **1** 〜 **2** と同様にカツレツを作る。

2 カツレツに2種類の薄切りチーズをのせ、オーブントースターなどで焼いて溶かす。生ハムを広げてのせる。

盛り付け
器にトマトソースを敷き、カツレツをのせる。

イタリア、地方の味わい [Scuola Pasta]

106　器／火風水 hifumi

Baccalà alla vicentina
たらの牛乳煮

ヴェネト州 *Veneto*

ルイジさんの項でもバッカラ料理を紹介しましたが（p.30）、こちらは「ヴィチェンツァ風」というヴェネツィア近くの町の名が付いた地方色の濃い煮込みです。これも甘塩たらで再現。たらと牛乳は味の相性がよく、じゃがいもを入れると濃度が出ていいつなぎになってくれます。

材料（4人分）

たら*（甘塩の切り身） ── 400g
牛乳 ── 400ml
にんにく（つぶしたもの） ── 1/2片
玉ねぎ（薄切り） ── 1/2個分
アンチョビのフィレ ── 2枚
じゃがいも（ひと口大） ── 1/2個分
パルミジャーノ ── 20g
E.V. オリーブオイル ── 適量
仕上げ
ポレンタ（下記） ── 適量

*たら/皮にうろこが残っていることがあるので、きれいに除いておく。

作り方

1 たらの切り身を2〜3等分に切る。

2 鍋にE.V.オリーブオイル、にんにく、玉ねぎ、アンチョビを入れて中火にかけ、よく炒める。玉ねぎがしんなりしたらじゃがいもを加えてひと混ぜし、牛乳を加えて沸いたら弱火にして煮込む。

3 じゃがいもに半分ほど火が入ったら**1**のたらを入れ、ほどよく煮詰まり、じゃがいもが柔らかくなるまで煮る。にんにくを取り除いてパルミジャーノを混ぜる。

盛り付け

器に作りたてのポレンタを盛り、たらの牛乳煮を盛る。

ポレンタの作り方

材料（作りやすい分量）

ポレンタ粉 ── 60g
水 ── 300ml
塩 ── 適量
E.V. オリーブオイル ── 小さじ1

作り方

1 厚手の鍋に分量の水で湯を沸かし、塩とポレンタ粉、E.V.オリーブオイルを入れる。泡立て器でかき混ぜながら中火でしばらく火を入れる。少しとろみが出てきたらごく弱火にし、木べらに変えて、むらができないように混ぜながら約30分煮る。生地が鍋の側面からはがれるようになり、もったり濃度が出たらでき上がり。バットに広げて冷やし固めるか、冷凍してもよい。

Wine Recommend

牛乳やチーズ、バターなどをたっぷりと使う料理は、樽熟成のしっかりとしたワインをおすすめします。乳製品の濃厚な味わいに、香りが芳醇でこってりとしたコクのあるワインがおいしいです。なかでも国際品種でもある[シャルドネ]が一番手に取りやすく、また普段ワインを飲みなれていない方にもなじむと思います。（杉澤）

Mini Column

ポレンタは北イタリアの定番付け合わせ

とうもろこしを細かく挽いた粉を湯で煮たもので、上の料理で使っているできたての柔らかなものがポレンタ・フレスカ。すぐに食べない分は容器に入れて保存し、固まったものを切り分けてグリルしたり揚げたりもします（p.62「焼きポレンタ」）。イタリアの中でも北部の伝統料理で、世の中が貧しかった昔はパン代わりの主食だったことも。今は前菜、また煮込み料理のお決まりの付け合わせですね。とうもろこしの種類によって黄と白があり、白はとくに魚介と好相性。最近では、数分で煮上がる便利なインスタントポレンタも売られています。

イタリア、地方の味わい《Secondo Piatto》

器／火風水 hifumi

Pollo alle olive nere
鶏もも肉の黒オリーブ煮

トスカーナ州 *Toscana*

イタリアではポピュラーなうさぎ肉の料理を、味の似た鶏肉とその内臓で仕立てました。
うさぎ肉はトスカーナやウンブリアでは日常の肉のひとつで、市場では1羽丸ごと内臓付きで普通に
売られているくらい。特産の良質な黒オリーブで煮込むところに地方料理の豊かさを感じます。

材料(2人分)

鶏もも肉 —— 1枚
鶏の内臓(レバー、ハツ)—— 各40g
玉ねぎ(厚切り)—— 1/2個分
じゃがいも(ひと口大)—— 1個分
黒オリーブ*(種なし)—— 20個
水 —— 500ml
白ワイン —— 30ml
にんにく(みじん切り)—— 少量
A | セージ(みじん切り)—— 5g
　| ローズマリー(みじん切り)—— 5g
　| ローリエ —— 1枚
塩、こしょう —— 各適量
E.V. オリーブオイル —— 適量

＊黒オリーブ／半量をホールのまま使い、残る
　半量をみじん切りにする。

作り方

1 鶏もも肉をひと口大に切る。レバーは血合いやスジがあれば除き、適宜の大きさに切る。ハツは脂を切り落とし、開いて中の血合いを除く。すべてに塩、こしょうをふる。

2 鍋にE.V. オリーブオイルとにんにくを入れて中火にかけ、炒める。香りが出てきたら玉ねぎを加えてよく炒め、しんなりしたらAのハーブを加えてさっと炒める。火を止めておく。

3 フライパンにE.V. オリーブオイルをひいて中火にかけ、鶏もも肉を皮面から焼く。薄く焼き色がついたら裏に返し、あいたスペースにレバーとハツを入れて一緒に焼く。表面が焼けたら余分な脂をペーパータオルで拭き取り、白ワインを入れて煮立てる。

4 2の鍋を火にかけ、3の肉を煮汁ごと加えて、じゃがいもと黒オリーブも入れる。肉を焼いたフライパンに水少量を入れて沸かし、鍋底の旨みを溶かして鍋に加える。新たに分量の水を加え、軽く塩をして沸騰させる。アクを取り、蓋をして弱火で30分煮込む。じゃがいもが煮崩れてほくほくの柔らかさになればでき上がり。

Wine Recommend

オリジナルは旨みが強いうさぎ肉ですので、力強いワインを。白なら[ヴェルメンティーノ]種。トスカーナ州やサルデーニャ州が有名です。しっかりした酸を持ちながら塩っぽいミネラル感と後口にほろ苦さが残るワインです。赤ならマルケ州の[ラクリマ]種がおもしろい。バラや香水を思わせる独特な香りは黒オリーブの香りとどこかシンクロします。少し変わり種ですが、フレッシュな酸と柔らかい果実味は親しみやすいと思います。(鈴木)

イタリア、地方の味わい 《Secondo Piatto》

Bifsteck con fagioli al pomodoro
牛ロースステーキ、白いんげん豆のトマト煮

トスカーナ州 *Toscana*

トスカーナはTボーンステーキが有名ですね。骨付きではないですが、ロース肉をステーキにし、これまたトスカーナ特産の細長くて小粒の白いんげん豆を組み合わせます。焼いた肉とトマト煮の豆はさっと和えるだけ。現地のレストランで教わった仕立てです。

材料（2人分）

- 牛ロース肉（厚切り）── 150g
- 白いんげん豆＊（ゆでたもの、下記）── 100g
- 玉ねぎ（みじん切り）── 1/2個分
- 白ワイン ── 100ml
- ホールトマト（缶詰）── 400g
- オレガノ　大さじ1
- E.V. オリーブオイル ── 適量
- 塩、こしょう ── 各適量
- 仕上げ
- パセリ（粗みじん切り）── 適量

＊白いんげんを市販の缶詰などゆでたもので利用する場合は、塩分があるので味をみながら調味するとよい。

作り方

1 広口鍋にE.V.オリーブオイルをひいて中火にかけ、玉ねぎをよく炒めて甘みを引き出す。白ワインを加えてアルコール分を飛ばし、ホールトマトを入れて混ぜ合わせる。塩、オレガノ、ローズマリー（白いんげん豆をもどす時に使ったもの）を入れる。白いんげん豆と少量のゆで汁を入れ、ごく弱火で混ぜながら煮る。

2 牛肉の両面に塩、こしょうをふる。フライパンにE.V.オリーブオイルをひいて中火にかけ、牛肉を入れて香ばしい焼き色がつくまで両面を焼く。

3 牛肉を1の鍋に入れる。肉を焼いたフライパンに白いんげん豆のゆで汁を少量入れて沸かし、鍋底の肉汁の旨みを溶かして鍋に加える。全体を温める程度に熱する。

盛り付け

器に牛肉を盛り、周りに白いんげん豆のトマト煮を流してパセリをふる。

白いんげんの水煮

材料（作りやすい分量）

- 白いんげん豆（乾燥）── 50g
- にんにく ── 1片
- ローズマリー ── 2枝
- 水 ── 適量

作り方

1 鍋にたっぷりの水を入れ、白いんげん豆、にんにく、ローズマリーを入れて一晩おいてもどす。もどし汁のまま約20分、柔らかくなるまでゆでる。ゆで汁とローズマリーの枝は料理に利用するので取りおく。

Wine Recommend

お肉は一度置いといて、白いんげん豆のトマト煮、ここに合わせてみます。ワインの合わせ方はいろいろありますが、イメージで選ぶ時もあります。その料理の醸し出す印象です。豆の煮込みはほっこりした田舎を連想させます。[クロアティーナ]という黒葡萄。ここから造られるワインは色も濃く果実味は豊か。それでいて酸は穏やかでタンニンも溶け込んでいる優しいほっこりした味わいです。両者とも同じ「ほっこり」のイメージで合わないはずはありません！　お肉の脂分を入れてもその果実味が包んでくれるので安心です。（鈴木）

111

イタリア、地方の味わい《Secondo Piatto》

Sauté di maiale al cavolo nero
豚肉のソテー、キャベツとサルシッチャ

トスカーナ州 *Toscana*

トスカーナの個性的な野菜といえば、黒キャベツ。葉は結球せず黒に近い緑で、スープや煮込みにします。現地で初めて見た時はその姿にびっくり。でも火を入れるといい味が出ます。サルシッチャと炒めて豚肉のソースに──肉に肉のソースをのせるところもおもしろいです。

材料（4人分）

豚ロース肉（100gの厚切り）── 4枚
キャベツ* ── 6枚
サルシッチャ（下記）── 200g
フェンネルシード ── 小さじ2
白ワイン ── 120ml
薄力粉 ── 適量
塩、こしょう ── 各適量
E.V. オリーブオイル ── 適量

＊キャベツ／黒キャベツがベストだが、ちりめんキャベツ、冬キャベツで代用も。黒キャベツは、日本でも冬のシーズンに手に入るようになっている。

作り方

1 キャベツを太めのせん切りにする。
● 黒キャベツは長い茎があるので細かく刻んで使う。

2 フライパンにE.V. オリーブオイルをひき、中火にかけてサルシッチャをほぐしながら炒める。表面の色が変わったらキャベツを入れて一緒に炒める。しんなりしてきたら白ワイン60mlを入れてアルコール分を飛ばし、フェンネルシードをさっと混ぜて火を止めておく。

3 豚ロース肉の両面に軽く塩、こしょうをし、薄力粉をまぶして余分な粉をはたく。別のフライパンにE.V. オリーブオイルをひいて中火にかけ、豚肉をソテーする。両面を香ばしく焼き、白ワイン60mlを加えてアルコール分を飛ばす。**2**の煮込みを豚肉が隠れるように入れて軽く煮込み、豚肉に味を含ませる。

盛り付け
器に豚肉を盛り、キャベツのソースをかける。

サルシッチャの作り方

細かいひき肉より粗びき肉のほうが、肉のボリューム感、手作り感が増しておいしい。スパイスは塩と黒こしょうが必須であとはお好み。オレガノ、タイム、パセリなどもよい。

材料（作りやすい分量）

豚粗びき肉 ── 1kg
塩 ── 12g（肉の分量の1.2%）
黒こしょう ── 5g
ローズマリー（ドライ）── 15g
セージ（ドライ）── 15g

作り方

1 ボウルに全材料を入れ、手でつかんだり練ったりを繰り返しながら、肉に粘りを出してつなげる。保存はポリ袋に小分けし、空気を抜いて密閉。冷蔵庫で1週間、冷凍で1か月は日持ちする。

Wine Recommend

赤ワインでももちろんよいのですが、白ワインでの提案を。この一皿には［ゲヴュルツトラミネール］。ドイツ語で"ゲヴュルツ"はスパイスという意味。アロマティックな香りが特徴で白こしょうやコリアンダーなどスパイシーなニュアンスがあって、ソーセージの風味とシンクロします。このワインは熟した果実味やなめらかな酸があって、豚の脂と合います。シャルキトリーなど、お肉の前菜にもおすすめ。ワインも料理もお互いに引き立て合います。（杉澤）

イタリア、地方の味わい 《Secondo Piatto》

器／ノリタケ

Agnello alla cacciatora
仔羊のカッチャトーラ

ラツィオ州 *Lazio*

カッチャトーラ（猟師風）には、仔羊のソテーをビネガーやバターで軽く煮たものと、鶏やうさぎ肉をトマト煮にするふたつのタイプがあります。紹介するのはローマの伝統料理である前者。ビネガーが羊の脂っこさや肉の硬さを和らげ、食べやすくしてくれます。

材料（3〜4人分）

仔羊肉* —— 500g
にんにく（みじん切り）—— 1/3片分
アンチョビのフィレ —— 2枚
ローズマリー —— 2枝
白ワイン —— 100ml
白ワインビネガー —— 大さじ2
バター —— 10g
塩、こしょう —— 各適量
E.V. オリーブオイル —— 適量

＊仔羊肉／地元ではロース肉で作ることが多いが、いろいろな部位のぶつ切りでもよい。

作り方

1 仔羊肉をひと口大に切り、塩、こしょうをふる。フライパンにE.V.オリーブオイルをひいて強火にかけ、仔羊肉をソテーして焼き色をしっかりつける。
● 脂がたくさん出たら、ペーパータオルで拭き取る。

2 火を弱めてにんにく、アンチョビを加えて混ぜる。白ワインを加えて火を強めてアルコール分を飛ばし、ローズマリーと白ワインビネガーを加える。軽く煮てバターで風味ととろみをつける。

YouTubeで紹介しているのは、トマトソースを使ったカッチャトーラです。もうひとつのレシピとしてどうぞご参考に。

Wine Recommend

ここではラツィオ州の土着品種［マルヴァジーア］を。活き活きとした果実味とハーブの香り、蜜っぽいニュアンスを持ち、メリハリのある葡萄品種です。仔羊肉の旨みとビネガーの酸味、ローズマリーの香りとも相性がよいワインです。ローマには仔牛のサルティンボッカやアバッキオ（乳飲み仔羊）など、白いお肉の料理があります。そんな肉料理にもぴったりハマるワインです。（杉澤）

イタリア、地方の味わい 《Secondo Piatto》

器／火風水 hifumi

Pollo alla romana
鶏肉とパプリカの煮込み、ローマ風

ラツィオ州 *Lazio*

イタリアの鶏料理の王道。ローマ料理を代表するひとつで、僕は町のレストランで食体験。
骨付きのぶつ切りで作ってこその味わい、そしてパプリカ主体のソースが特徴です。
くたっと煮たパプリカの甘い風味とビネガーの酸味のバランスがよく、人気のほどがわかります。

材料（2人分）

- 鶏もも肉＊（骨付きのぶつ切り）── 1本分
- パプリカ（赤、黄）── 各1/2個
- にんにく（皮付きをつぶす）── 1/2片
- ホールトマト＊（缶詰）── 250g
- 白ワイン ── 50ml
- 白ワインビネガー ── 15ml
- 塩、こしょう ── 各適量
- E.V. オリーブオイル ── 適量

仕上げ
- パセリ（粗みじん切り）── 適量

＊鶏もも肉／骨付きを使う。もも肉が手に入らなければ手羽元、手羽中、手羽先などの骨付きでも。
＊ホールトマト／分量は好みで増減してもよい。

作り方

1 鶏肉をペーパータオルで挟んで水気を拭き取り、塩、こしょうをふる。パプリカは幅広の縦切りにする。

2 鍋にE.V. オリーブオイルをひいて中火にかけ、にんにくと鶏肉を入れて焼く。両面にこんがりと焼き色が付くまで焼いて、バットに取り出す。鶏からたくさん脂が出るので、ペーパータオルで拭き取る。

3 2の鍋に新たにE.V. オリーブオイルを入れてパプリカを炒める。油が回ったら鶏肉を戻し、白ワインを加えてアルコール分を飛ばす。ホールトマトを加え混ぜ、塩をし、蓋をして弱火で25〜30分煮込む。塩で味をととのえ、白ワインビネガーを加えてひと混ぜする。

盛り付け

器に盛り、パセリをふる。

Wine Recommend

ラツィオ州は白ワインの生産がかなり多く、70%を占めています。カジュアルなワインが多いことも特徴です。この料理はソムリエ教本に載っていて、相性のよいワインは[フラスカーティ]と書かれています。[マルヴァジーア]種や[トレッビアーノ]種を使った王道ワインです。歴史も長く、紆余曲折ありましたが"法王のワイン"として今も親しまれています。タイプやグレードが多数存在するので、ワインショップなどで尋ねてみてください。赤ワインならパプリカに合わせて、軽めの[カベルネ]種系も合いそうです。（鈴木）

イタリア、地方の味わい 《Secondo Piatto》

Polpette in agrodolce
ポルペッテのアグロドルチェ
☆肉団子の甘酢風味

シチリア州

Sicilia

ポルペッテはミートボール。家庭料理やまかないでは常連で、トマト煮、フリット、スープ煮など多彩です。
シチリアのは変わり種で、揚げたポルペッテに玉ねぎとういきょうの甘酢ソースをかけます。
ういきょうの清涼感が心地よいアクセントに。ここではセロリで代用します。

材料（3～4人分）

ポルペッテ
- 合いびき肉＊ —— 250g
- 塩 —— 3g（肉の分量の1.2％）
- 全卵 —— 1/2個分
- 牛乳 —— 20ml
- パン粉（細かくつぶしたもの。p.19） —— 20g
- パルミジャーノ —— 10g
- パセリ（みじん切り） —— 適量
- 薄力粉 —— 適量
- 揚げ油 —— 適量

甘酢ソース
- 玉ねぎ（薄切り） —— 1/2個分
- セロリ（薄切り） —— 1/2本分
- レーズン —— 10g
- 松の実 —— 10g
- グラニュー糖 —— 20g
- 白ワイン —— 50ml
- 白ワインビネガー —— 150ml
- E.V. オリーブオイル —— 適量

仕上げ
- パセリ（粗みじん切り） —— 適量

＊ポルペッテにはチーズ、パセリ、パン粉を入れるのが標準で、ナッツ、レーズンなどを加えることも多い。シチリアでは特産のピスタチオ入りも。玉ねぎは入れない。

作り方

1 ポルペッテを作る。ボウルに全材料（合いびき肉～パセリ）を合わせ、よく練り合わせる。粘りが出てつながったら、好みの大きさのミートボール状に丸め、薄力粉をまぶす。

- 素手で行うときは手洗いなど衛生面に気をつけて。丸める時は手のひらに少量の油をぬると生地がくっつかず作業しやすい。

2 フライパンで揚げ油を180℃に熱し、ポルペッテを揚げ焼きする。時々返しながら香ばしい焼き色がつくまで揚げ、ペーパータオルにのせて油をきる。

- あとで甘酢ソースで軽く煮るので、中心まで火が入っていなくてよい。

3 甘酢ソースを作る。別のフライパンにE.V. オリーブオイルをひいて中火にかけ、玉ねぎを炒める。しんなりしたらセロリを加えて炒め、続けてレーズン、松の実も入れて炒め合わせる。白ワインを加えてアルコール分を飛ばし、グラニュー糖を混ぜて溶かす。

4 3のソースに揚げたポルペッテを加えてよくからめる。白ワインビネガーを2回に分けて入れながら、強火で煮詰めて酸味を飛ばす。

盛り付け
器に広げて盛り、パセリをふる。

Wine Recommend

アグロドルチェとは"甘酸っぱい"という意味。この味わいの料理は、視点を変えれば幅広いワインと合いそうです。わりとしっかりした味つけなので、後口さっぱり派には白の[カタラット]種。レモンのようなフレッシュな酸味が特徴です。味わいを楽しみながらであれば、しっかりめの樽感のある白ワインもおすすめです。赤ワインは中程度の味わいなら幅広く合いそう。マイルドな黒葡萄品種[フラッパート]はいかがでしょう。イチゴやバラの香りとスパイシーさを併せ持つおもしろいワインです。（鈴木）

119

イタリア、地方の味わい 《Secondo Piatto》

120　　　　　　　　　　　　　　　　　　　　　　器／火風水 hifumi

シチリア州 *Sicilia*

Pesce spada in padella alla ghiotta
めかじきのソテー、美食家風

シチリア料理はリーパリ島の「フィリッピーノ」で学ばせてもらったものが多く、とくに魚介料理の知恵には感心することしきりでした。切り身で簡単にできるこのめかじきの料理もそのひとつ。白ワインの思い切った量の使い方がポイントで、さわやかの一言です。

材料（2人分）

- めかじき（切り身）── 2枚（360g）
- フルーツトマト（皮を湯むきして、種を取る。1cm角）── 2個分
- 玉ねぎ（みじん切り）── 小1/2個分
- ケイパー（酢漬け）── 大さじ4
- 白ワイン ── 200ml
- パセリ（粗みじん切り）── ふたつまみ
- E.V. オリーブオイル ── 適量
- 塩、黒こしょう ── 各適量

作り方

1 めかじきの両面に塩、黒こしょうをふる。フライパンにE.V.オリーブオイルをひいて中火にかけ、めかじきの両面をきつね色に香ばしく焼く。

2 フライパンにたまった油脂分をペーパータオルで拭き取り、白ワインを注いで煮詰め、アルコール分を飛ばす。玉ねぎ、ケイパー、フルーツトマトを順に入れ、そのつど煮汁を沸騰させて、めかじきに煮汁をかけながら煮る。

- めかじきからも脂が出るので、焼いたあとは油脂分をきれいに除いたほうが油っぽい仕上がりにならない。ケイパーやトマトは時間差で加え、それぞれの風味を煮汁にしっかり含ませる。

3 トマトが煮崩れて煮汁に濃度がついてきたら、塩で味をととのえ、パセリとE.V.オリーブオイルをかける。

Wine Recommend

シチリアの土着品種［グリッロ］を合わせてみました。レモンなどの柑橘系のフレッシュな酸味が特徴で、価格帯も安価なものが多く、カジュアルに楽しめるワインとしておすすめです。［グリッロ］は酒精強化ワイン"マルサラ酒"の主要品種で、長期熟成もできます。本書でご紹介しているほかのシチリア料理でも、このワインを選べばまず間違いはありません。シチリア料理といえば［グリッロ］。オールマイティなワインとして覚えてください。（杉澤）

イタリア、地方の味わい 《Secondo Piatto》

シチリア州 *Sicilia*

Orata al sale
真鯛のハーブ塩焼き

塩をたっぷり使う魚の煎り焼きです。シチリアのレストランで見せてもらった調理法を自分流にアレンジしたもので、うろこ付きの魚を最初に軽く素焼きする工程を加え、途中から塩とハーブをかけて蒸し焼きします。時短で失敗なくしっとり焼けるのでおすすめです。

材料（4人分）

真鯛…1尾（400〜500g）
精製塩…60g
にんにく…1/2〜1片
A｜パセリ…3枝
　｜タイム…4枝
　｜ローズマリー…4枝
B｜フェンネルシード…5g
　｜クローヴ…5g
　｜オレガノ…1g

作り方

1 真鯛はうろこを残し、内臓、エラ、ヒレを取り除いて水洗いする。ペーパータオルで水気を拭き取り、腹の中ににんにくとAのハーブを詰める。

2 フライパンを中火にかけて熱し、真鯛を直接のせて素焼きにする。両面ともに焼き、3割ほど火が入ったところで分量の塩をかける。Bのスパイスも好みでふる。塩の半分は真鯛の下に入れ、3回くらい返しながら中心まで火を入れて焼き上げる。最後に火を止め、蓋をして5分ほど蒸らす。

Mini Column

僕が見学した調理場では、調理用の作りつけの熱い鉄板に大量の塩をまき、その上で魚や海老などの魚介を煎り焼きしていました。オーダーも多く、常時このようにして塩焼きを作っていたのでしょう。最初はしょっぱくなりすぎないかと心配しましたが、皮やうろこがガード役になるので塩加減はちょうどよく、さらに身が蒸されてふっくらと仕上がります。お客さまの前で取り分けると、皮をはいだ時においしそうな湯気が上がり、演出効果にもなりますね。塩田もある塩の大産地シチリアならではの調理法でしょう。

Wine Recommend

皮目からたっぷりと塩をして身の旨みを引き出し、ハーブがきいたこの料理には白葡萄［インツォリア］種を選んでみました。カジュアルラインが多く、飲みやすいワインです。フルーティな香りの印象が先行されがちですが、味わいにはしっかりした酸とミネラル分が感じられます。より旨みに合わせるのであれば、塩味とほどよい苦みが特徴の［ヴェルメンティーノ］もおすすめです。純米酒や、魚に脂がのっていれば生酛（きもと）系の日本酒もよいですね。（鈴木）

イタリア、地方の味わい 《Secondo Piatto》 番外編

器／火風水 hifumi

124

Frittura piccata
鶏胸肉のピカタ

番外編

最近は目にしなくなりましたが、1970〜80年代、日本中で「ピカタ」という料理がはやっていました。薄切りの豚肉や鶏肉に、小麦粉と溶き卵をつけて焼くだけ。簡単でおいしい。僕も若い頃、本当によく食べました。日本の誇る洋食のひとつと思っていたのですが、実はこれ、イタリアの郷土料理に原形があったんです。その名も「ピッカータ」。仔牛の薄切り肉をバターで焼いてレモン汁をかけるスタイルが一般的で、これをミラノ風と呼ぶようです。もっと昔に遡るとマルサラ酒風味の料理だったとイタリアの料理事典にはあります。びっくりですね。どうやら溶き卵を使うのは日本のアレンジのようですが、案外、この卵がいい働きをしていると思います。豚肉もおすすめです。

材料（1人分）

鶏胸肉 —— 1枚
薄力粉 —— 適量
溶き卵 —— 適量
E.V. オリーブオイル —— 適量
塩、こしょう —— 各適量
仕上げ
トマトソース（p.83）—— 適量

作り方

1 鶏胸肉は皮を除き、厚みの真ん中に包丁を入れて観音開きにする。厚みの残っている部分があれば、肉叩きで叩いて厚さを揃え、食べやすい大きさに切り分ける。両面に塩、こしょうをふり、薄力粉をまぶして、溶き卵にくぐらせる。

2 フライパンにE.V. オリーブオイルをひいて中火にかけ、鶏肉を焼く。残った溶き卵も適宜かける。焼き色がついたら裏返しにして蓋をし、弱火で5分ほど焼く。

盛り付け

器に盛り、トマトソースを添える。

動画サイトでは、同じレシピはありませんが、「豚肉のとろろ巻きピカタ」では溶き卵を使った工程があるので参考にしてください。

Wine Recommend

卵とワインの相性は難しいと言われていますが、この料理のようにトマトソースや乳製品などのつなぎがあると、グッと仲良くなるから不思議です。今回は白葡萄［リースリング］種を合わせます。少し粘性のあるオイリーなタイプで比較的厚みのある酸を持ち合わせているタイプがおすすめです。ドイツが有名ですが、北イタリアでも栽培されています。香りに特徴があり、好みはありますが、ハマると抜けられない品種です。（鈴木）

アクアパッツァを作り続けて

日高シェフ、イタリアンへの道

イタリア各地を巡った中で一番感動した料理

　3年間にわたるイタリア修業のなかで、僕にもっとも強い印象を残したもの。それこそが「アクアパッツァ」です。旨みの素のブイヨンに頼らず、水で魚を煮て、ピュアでシンプルな旨みに仕立てるテクニックに、素朴でいて豊かなイタリア料理の真髄を見た思いがしたのです。

　トマトの使い方にしても、大型の完熟トマトで作る濃厚なトマト煮ではなく、水分を少し飛ばしたミニトマトを使うことで、甘みと酸味のバランスのよい、さらりとした旨みと香りを作り出す。これもアクアパッツァという料理によって知った手法でした。

　日本に帰ったら、この料理を作り、店の名前もアクアパッツァにしよう——イタリア滞在中に、すでに思いは決まっていました。

　アクアパッツァは魚介の豊富なナポリ周辺で生まれた料理です。僕が出合ったのは、ソレントの「ドン・アルフォンソ」というリストランテで、もともと簡素な魚介スープ風の料理だったものを、洗練させた形で出していました。白身魚を三枚におろしてソテーし、一方で軽く自然乾燥させたミニトマトと塩漬けケイパーを水で煮出し、オリーブオイルを加え、ソースとして添えるという提供法です。

　僕は日本に帰国後、これをベースにイメージを膨らませて、自分なりのアクアパッツァを作り出しました。殻付きのあさりを加え、ケイパーのほか、黒オリーブやアンチョビなどイタリア料理の味の核となる調味料も利用して、旨みのレベルを引き上げたのです。漁師料理だった当初は海の水を利用して作っていたそうで、それならばと、海水を取り込んで旨みを凝縮しているあさりを利用することを思いついたのです。魚自体もだしがよく出るように、頭付きの一尾丸ごとや骨付きのぶつ切りを使い、最初にしっかり焼くことで旨みを高めました。

　この形が、僕が日本で作り出したアクアパッツァの原点です。そして最近は、ケイパー、オリーブ、アンチョビをそぎ落とし、魚の風味をより明確にする方向に戻すなど新たな修正を加えています。水分も多めに入れて、スープ煮的な色合いも強めました。

　店が30周年を迎えた2020年、コロナ禍で何もできなかったけれど、うちを卒業した料理人たちが、アクアパッツァの写真をSNSにリレー投稿してお祝いしてくれたんです。見た目もレシピもそれぞれ個性があって、うれしかった。アクアパッツァは、自由な料理。ご家庭でもどうぞ自分流に楽しんでください。

1990年、東京・西麻布にオープン。
当時のスタッフとともに。

2章

リストランテ アクアパッツァの
魚介料理
スペシャリテ

日本独特の魚介や野菜も使った、魚介が主役のイタリアン。
キーワードはシンプルでおいしく。
定番からオリジナルレシピまで、当店とっておきの味をどうぞ。

写真は「真鯛のカルパッチョ、レフォールソース」。 …▷作り方はp.130参照

地中海に大きく突き出た半島と大小の島々から成るイタリアは、海の幸の豊富な国。土地ごとにさまざまな魚介料理があり、興味がつきることがありません。前菜のカルパッチョやフリット、あさりを使ったスパゲッティ・ヴォンゴレにいかすみのリゾット。またハーブ使いにすぐれた香草焼きや当店の看板料理「アクアパッツァ」など、魚好きの日本人にはこたえられない魅力がいっぱいです。この章では、ぜひマスターしたい大定番の魚介料理を、シンプルなスタイルでわかりやすく解説。さらに日本固有の魚介や野菜、また酢締めやたたきなどの和食のテクニックも活用しながら、充実した内容でお届けします。

お刺身好きの日本人にこそ食べてもらいたい
sto イタリア式魚介の一皿

Carpaccio
カルパッチョ

もとは牛ヒレの生肉料理ですが、今では魚介で作ることが多くなっているカルパッチョ。豊富な種類の魚のほかに甲殻類やいか、たこ、貝などで多彩なバリエーションを楽しめるところが魅力です。魚介は生、あるいはビネガーやオイルでマリネしたり、表面に軽く火を入れるなどして、薄く平らに盛り付けます。

基本

Carpaccio di orata, salsa di rafano
真鯛のカルパッチョ、レフォールソース —p.128

淡泊な白身魚はどんな味つけにも合い、カルパッチョにはうってつけの材料。店では真鯛、平目、ひらまさなどをよく使います。切り口を広く、薄く切って皿いっぱいに広げて盛ると、ソースの味がしみ込みやすく、見映えもよくなります。レフォールソースはさわやかな辛みがよいアクセント。魚のソテーやサラダにも用います。

材料（2人分）
真鯛（三枚おろし） — 100g
塩 — 適量
レフォールソース
　レフォール* — 35g
　E.V. オリーブオイル — 100g
　醤油 — 3滴
　塩 — 3g
仕上げ
エンダイブ* — 適量
ラディッシュ*（薄切り） — 1個分

*レフォール／ホースラディッシュ。冷凍品のすりおろしでもよい。

*エンダイブ、ラディッシュ／氷水にさらしてパリッとさせ、ペーパータオルで包んで水気を取る。

1 三枚おろしにした鯛の切り身から、腹骨をすき取る。

2 身を縦に2等分して、背身と腹身に分ける。

3 背身、腹身ともに、ひれのついていたほうの端を細く切り落として形を整える。

4 皮を下にして切り身を置き、包丁をねかせて切り口を広くしながら、薄いそぎ切りにする。切りながら皿に並べる。皿が小さい場合は少し重ねてもよい。

5 レフォールをすりおろし、醤油、塩を加えて混ぜ、E.V. オリーブオイルを加えてさらに混ぜる。

6 鯛の切り身に塩をふり、それぞれにレフォールソースをたっぷりのせる。エンダイブを小さくちぎりながら散らし、ラディッシュも彩りよく盛る。

Sgombro marinato alle erbe
さばのマリネ、ハーブオイル
> ⋯▷ 作り方はp.133参照

白ワインビネガーで軽く締めたさばのカルパッチョ風仕立て。フレッシュハーブを混ぜたオリーブオイルのソースで。

Sarde marinate con salsa di porri
いわしのマリネ、ねぎソース

塩漬け後、白ワインビネガーとオリーブオイルで1日ずつしっかりとマリネしたいわし。一緒に漬けた長ねぎをピュレにしてソースに。

さばのマリネ、ハーブオイル —p.131

ハーブやオリーブオイルなどイタリアンの味つけでいただく締めさばです。塩やビネガーで締める時間を短くし、中心が生の軽めの締め具合で。強く締めると硬くなり、身割れしやすくなります。

材料（2人分）
さば（三枚おろし）—— 100g
塩 —— 適量
白ワインビネガー —— 約100ml
ハーブオイル
　ディル（みじん切り）—— 大さじ1
　セルフィーユ（みじん切り）—— 大さじ1
　E.V.オリーブオイル —— 大さじ1½
仕上げ
赤玉ねぎ*（薄切り）—— 10g
ピンクペッパー —— 適量
ディル —— 適量

*赤玉ねぎ/氷水にさらしてパリッとさせ、ペーパータオルで包んで水分を絞る。

作り方
1 バットに塩を少量敷き、皮を下にしてさばを置く。さばの身が隠れるまで塩で覆い、20分ほどおく（**a**）。この工程で臭みや余分な水分が抜ける。

2 水洗いしてから水分をよく拭き、バットに置いて白ワインビネガーの半量をかける。ペーパータオルをかぶせて残りのビネガーをかけ（**b**）、30分ほど締める。
・ペーパーをかぶせると表面が乾かず均一にマリネでき、またビネガーの量も最小限ですむ。

3 さばの水分を拭き、腹骨をすき取る（**c**）。
・腹骨は、ビネガーで締める前に取ると腹身が薄くなり、ビネガーの浸透にばらつきが出る。また身が崩れやすくもなるため、締めた後で取る。

4 中骨跡の小骨を骨抜き器で抜き取る（**d**）。

5 頭側から皮をめくり、一気に引いてはがす（**e**）。身を5mm幅で斜めに薄切りにする。

6 〈ハーブオイル〉ディル、セルフィーユをE.V.オリーブオイルに混ぜ、30分以上おいて香りをオイルに移す（**f**）。

盛り付け
器にさばを並べ、ハーブオイルをかける。赤玉ねぎを盛り、ピンクペッパーとディルを散らす。

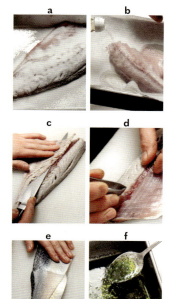

いわしのマリネ、ねぎソース

いわしは身が柔らかく崩れやすいので、中型以上の大きさで。ビネガーで締めた後、オイルでマリネすると酸味がやわらぎ、2週間はおいしさが変わりません。臭み消しに一緒にマリネした長ねぎは辛みが飛び、塩味と酸味も加わってさわやかなソースになります。

材料（2人分）
いわし（中型。三枚おろし）—— 100g
塩 —— 適量
白ワインビネガー —— 100ml
E.V.オリーブオイル —— いわしが浸かる量
ねぎソース
　長ねぎ（斜め薄切り）—— 1本分
　E.V.オリーブオイル —— 大さじ2～3
　塩 —— 適量
仕上げ
ミニトマト（1/4にカット）—— 4個分
黒オリーブ（種なし。輪切り）—— 4個分
パセリ（粗みじん切り）—— 適量

作り方
1 バットに塩を敷き、皮を下にしていわしを置く。いわしの身が隠れるまで塩をまぶし、15分ほどおく（**a**）。

2 水洗いして水分をよく拭き、バットに置いて白ワインビネガーを1/3量かける（**b**）。長ねぎで覆い（**c**）、残りのビネガーの半量をかける。ペーパータオルをかぶせ、残りのビネガーをかけて湿らせる（**d**）。ラップをかけて冷蔵庫で一晩おく。

3 いわしを別のバットに並べ、E.V.オリーブオイルをひたひたに注ぐ（**e**）。ラップをかけて冷蔵庫で1日マリネする。

4 〈ねぎソース〉**2**のねぎをペーパータオルで包んで水分を軽く絞る（**f**）。ミキサーに入れ、E.V.オリーブオイルを加えて回し、ピュレにする（**g**）。塩で味をととのえる。

盛り付け
いわしをペーパータオルで挟んで余分な油を除き、4等分に切って器に盛る。ねぎソースをのせ、ミニトマト、黒オリーブ、パセリを散らす。

Gamberi ed arancia marinati ai finocchi
海老とオレンジのマリネ、フェンネルソース

海老を平らに一枚に開いてカルパッチョに。車海老、甘海老、ぼたん海老など生でおいしく食べられる海老で作ります。風味づけのオレンジとフェンネルはシチリア料理で多用される組み合わせで、甘みのある風味が海老とも好相性。

材料（2人分）
車海老＊ ── 10尾
オレンジ（果肉） ── 8房
フェンネル（株の部分） ── 50g
塩 ── 適量
E.V. オリーブオイル ── 適量
フェンネルソース
　フェンネル（葉） ── 20g
　にんにく（すりおろし） ── 少量
　E.V. オリーブオイル ── 70g
　塩 ── 少量
仕上げ
フェンネル（葉） ── 少量
オレンジ（皮） ── 少量

＊車海老／冷凍海老を使う時は、解凍してさっと湯に通し、表面のみ火を入れる。

作り方

1 車海老は頭と殻を取ってむき身にし、腹から一枚に切り開く。背わたがあれば取る（**a**、**b**）。

2 オレンジの果肉は薄皮を除き、フェンネルの株は縦に薄切りにする。ボウルに入れて、塩をふって混ぜる（**c**）。車海老を入れ、塩、E.V. オリーブオイルで調味して混ぜる（**d**、**e**）。

・オレンジをへらで切るように混ぜると、果汁が出てジューシーになり、風味が増す。オレンジ果汁を少量加えてもよい。

3 〈フェンネルソース〉フェンネルの葉のみをちぎりながらミキサーに入れ、耳かき1杯ほどのにんにく、E.V. オリーブオイル、塩を加えて回す（**f**）。

盛り付け
海老を平らに並べ、上にオレンジとフェンネルを盛る。フェンネルソースは点々とたらす。フェンネルの葉を散らし、オレンジの皮をすりおろす。

Capesante marinate con carciofi
帆立貝とカルチョフィのマリネ、ミントと黒こしょうの香り

貝のなかでは、柔らかくて1枚が大きくとれる帆立貝がカルパッチョ向き。生のままなら甘みが活き、表面をさっとあぶれば香ばしさと旨みが増します。アーティチョークを組み合わせ、ミントと黒こしょうの香りや辛みでアクセントを。

材料（2人分）
帆立貝柱 —— 4個
アーティチョーク*
　（薄切りにしたもの）—— 6個
ペパーミントの葉 —— 30枚
塩 —— 適量
レモン汁 —— 1個分
E.V. オリーブオイル —— 適量
仕上げ
黒こしょう（粗挽き）—— 適量

*アーティチョーク／オイル漬けや水煮の瓶詰、また冷凍品が便利。生の冷凍品は解凍して柔らかくゆでる。

作り方
1 貝殻の平らな面を上にして持ち、金属製の器具（貝べらやパレットナイフなど平らなもの）を2枚の殻のすき間から上の殻に沿って差し込む（**a**）。器具を左右に動かして貝柱の上面を殻からはずす。

2 上の殻を持ち上げ（**b**）、手で貝をむき取って下の殻からはずす。

3 ひもと内臓を取り除き（**c**）、貝柱は流水をかけながら薄膜や隅にある乳白色の小さな塊を取り除く（**d**）。

4 貝柱の水気を拭き取り、斜めに薄切りにする（**e**）。
・小さければ小角切り、大きいものは水平に薄切りにするなど、食べやすい大きさに切る。

5 アーティチョークは幅5mmほどの薄切りにする。

6 ボウルに貝柱、アーティチョーク、ペパーミントを入れ、塩、レモン汁、E.V. オリーブオイルを加えてよく混ぜる（**f**）。

盛り付け
器に平らに盛り、黒こしょうをかける。

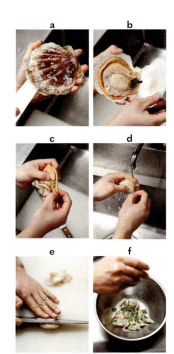

Bonito scottato con salsa di pomodoro fresco e maggiorana
かつおのたたき、トマトとマジョラムのソース

かつおの身の表面をあぶる「たたき」は香ばしさが加わり、旨みも凝縮するすぐれた技法。
さわやかなトマトのソースを組み合わせれば、これも立派なカルパッチョ。
身を厚めに切ると崩れにくく、鉄分の濃いかつおの旨みが鮮明に感じられます。

材料（2〜3人分）
かつお（皮付きの切り身）—— 100g
塩 —— 適量
E.V. オリーブオイル —— 適量
フルーツトマトとマジョラムのソース
　フルーツトマト＊（1cm角）2個分
　マジョラムの葉 —— 10枚
　塩 —— 適量
　赤ワインビネガー —— 小さじ2
　E.V. オリーブオイル —— 大さじ1
仕上げ
赤玉ねぎ＊（薄切り）—— 15g
マジョラム —— 少量

かつおを冷やす氷水 —— 適量

＊フルーツトマト／皮を湯むきし、種を取ったもの。
＊赤玉ねぎ／氷水にさらしてパリッとさせ、ペーパータオルで包んで水分を絞る。

作り方
1 かつおの身に塩をまぶす（**a**）。
・焼いた後で氷水に落とし、塩気が多少抜けるので、やや強めにまぶしておく。

2 皮の面にもしっかり塩をまぶし、7〜8分おく（**b**）。

3 フライパンにE.V. オリーブオイルをひいて強火にかけ、皮を下にしてかつおを置く。皮が縮んで丸まってくるので、最初はフライ返しで身を強く押さえて焼く（**c**）。
・串を打って焼き網の上で焼いてもよい。

4 薄く焼き色がついたら裏に返して焼く。側面も順に焼いて、軽く焼き固める（**d**）。

5 全面が均一に焼けたら氷水に入れる（**e**）。

6 表面の温度が下がったらすぐに引き上げ、ペーパータオルで水分を拭く（**f**）。

7 〈フルーツトマトとマジョラムのソース〉ボウルにトマトを入れ、塩をふって混ぜる。マジョラムを入れ、赤ワインビネガーとE.V. オリーブオイルを順に加えて、そのつどしっかり混ぜる（**g**）。
・トマトの汁がしみ出るくらいによく混ぜるとマジョラムとなじみ、かつおにもからみやすくなる。

盛り付け
かつおを幅8mmほどに切り分けて器に並べる。中央に赤玉ねぎを盛り、かつおにトマトのソースをたらし、マジョラムを散らす。

Tartara di capesante
帆立貝、オクラ、ケイパーのタルタル

生肉や生魚を、薬味や調味料とともに細かくたたきながら粘りを出してまとめ、平たく盛り付けるのがタルタルです。形を変えたカルパッチョとも言えるでしょう。一品目はオクラの粘りを生かした帆立貝の貝柱のタルタルです。

材料（2人分）
帆立貝柱 —— 80g
オクラ —— 4個
ケイパー（酢漬け） —— 小さじ1
塩 —— 適量
レモン汁 —— 1/4個分
E.V.オリーブオイル —— 少量
仕上げ
ディル、セルフィーユ —— 各適量
E.V.オリーブオイル —— 適量

作り方
1 貝柱を5mm角ほどの小角切りにする（**a**）。

2 オクラはがくをむき、歯ごたえが残る柔らかさに1分30秒ほど塩ゆでする。水気をきり、幅3mmほどの輪切りにする。

3 ボウルに貝柱、オクラ、ケイパーを入れ（**b**）、塩、レモン汁、E.V.オリーブオイルを加える（**c**）。粘りが出るまでよく混ぜる（**d**）。

盛り付け
器に盛り、ディルとセルフィーユを小さくちぎりながら散らし、E.V.オリーブオイルをかける。

138

Tartara di tonno
まぐろのタルタル、卵黄とトリュフオイル

まぐろは魚介のタルタルの代表的な素材。牛肉のタルタルで定番の卵黄と、卵とは極めつきの組み合わせのトリュフの香るオイルを混ぜ込みます。とろみがつくほどによくたたくとまぐろに味がのり、格別のおいしさです。

材料（2人分）

まぐろ（赤身のサク）── 100g
卵黄 ── 1個分
トリュフオイル* ── 4〜5滴
塩 ── 少量
仕上げ
アンディーブ ── 4枚
パセリ（粗みじん切り）── 適量

＊トリュフオイル／白トリュフの香りをつけたE.V.オリーブオイル。刺激的な風味の強いE.V.オリーブオイルで代用しても。
＊タルタルに小さく切ったゆで野菜を加えてもよい。

作り方

1 まぐろを包丁で小さく切り、さらによくたたいて細かくする（**a**）。
● 大きさの加減は好みでよいが、細かくたたいたほうが口当たりはなめらかで、味もよくなじむ。

2 ボウルにまぐろ、塩、卵黄、トリュフオイルを入れる（**b**）。全体にとろりとした粘りが出るまでスプーンでよく混ぜる。

盛り付け
アンディーブにまぐろのタルタルをのせて器に盛り合わせる。ボウルに卵黄オイルが残っていればタルタルにかけ、パセリをふる。

Fedelini freddi alla checca con orata
真鯛とフレッシュトマトの冷製パスタ

鯛のタルタルを冷製パスタのソースにしたご馳走冷前菜。小さく切った鯛をオリーブオイルとトマトと一緒にしっかり混ぜることで粘りが生まれ、パスタにもよくからんで一体感が増します。

材料（1人分）

フェデリーニ（直径1.4mm）── 40g
塩 ── ゆで汁用の湯の1％
真鯛（サク）── 80g
フルーツトマト*（5mm角）── 50g
塩、E.V.オリーブオイル ── 各適量
仕上げ
スプラウト（レッドキャベツ）── 少量
E.V.オリーブオイル ── 適量
パスタを冷やす氷水 ── 適量

＊フルーツトマト／皮を湯むきし、種を取ったもの。

作り方

1 鯛を薄切りにし、半量に塩とE.V.オリーブオイル少量をからめて、半量をたたく（**a**）。

2 ボウルにたたいた鯛とフルーツトマトを入れ、塩をふって混ぜる。E.V.オリーブオイルを大さじ1/2入れ、よく混ぜる。

3 フェデリーニを塩湯で7分10秒ゆでる。
● 冷製パスタはゆでた後、氷水で締めることで硬さがもどるので、表示時間よりも柔らかくゆでる。

4 ゆで上がったフェデリーニの湯をきり、氷水に入れて冷やす（**b**）。水気をきり、ペーパータオルで包んで水分をしっかり絞る。

5 鯛を入れたボウルにフェデリーニを入れ、E.V.オリーブオイル大さじ1/2を加えて粘りが出るまでよく混ぜる。

盛り付け
フェデリーニを器に盛り、残ったソースをかける。残りの薄切りの鯛を上に並べ、スプラウトを飾ってE.V.オリーブオイルをかける。

Insalata
インサラータ

クラシックなスタイルの大皿盛りで

基本

Insalata di frutti di mare
海の幸のサラダ

現代では、サラダ仕立ての魚介料理といえば、カルパッチョに代表されるように魚介の種類を絞り込み、野菜、調味料、ソースをいろいろに組み合わせたものが主流です。しかし、イタリアでは貝、甲殻類、いか・たこ、魚など、潤沢な魚介を一皿に自由に盛り合わせるサラダが伝統的に作られてきました。「インサラータ・ディ・フルッティ・ディ・マーレ」と呼ばれるもので、野菜などはほとんど入れず、魚介だけを生、あるいはゆでたり蒸し煮にしたりして、レモン汁、オリーブオイル、にんにく、塩でざっくりと味つけします。シンプルな味つけで、変化に富んだ魚介の風味を一度に味わえる楽しいひと皿です。単に素材を並べて調味料をかけるのではなく、全体をしっかり混ぜて調味することで味がよくしみ、一体感も生まれて味わいが深まります。

材料（4人分）
やりいか（下処理p.21）── 50g
ほたるいか（ゆでたもの）── 12杯
たこ（ゆでたもの）── 50g
車海老＊ ── 4尾
あさり（殻付き）── 4個
はまぐり（殻付き）── 4個
白貝＊（殻付き）── 4個
ムール貝（殻付き）── 4個
ばい貝（殻付き）── 4個
まぐろ（赤身）── 50g
白身魚 ── 50g
エンダイブ＊ ── ひとつかみ
パセリ（粗みじん切り）── 少量
レモン汁 ── 1/4個分
にんにく（つぶしたもの）── 1 1/2片
E.V.オリーブオイル ── 少量
塩 ── 適量

＊**車海老**／頭と尾を残して殻をむく。海老の種類はどんなものでもよい。

＊**白貝**／別名は皿貝、万寿貝など。白い殻の色と、幅7〜8cmの大きく平たい形が特徴。

＊**エンダイブ**／氷水にさらしてパリッとさせ、ペーパータオルで包んで水気を取る。

作り方

1 やりいかを幅5mmほどの輪切りにし、さっと塩ゆでして氷水にとる（**a**）。海老も同じ湯でさっと塩ゆでして氷水にとる（**b**）。ともにペーパータオルで水気を拭き取る。

2 あさり、はまぐり、白貝、ムール貝を平鍋に入れ、少量の水を加えて蓋をして強火にかける。殻が開くまで蒸し煮にする。殻ごと取り出し、煮汁もとりおく。

3 ばい貝は沸騰した湯で5分弱ゆでて取り出す。殻から身を抜いてふたつに切る。下処理を終えた貝（**c**）。

4 まぐろはやや厚く、白身魚は薄めに刺身状に切る。

5 ボウルに貝以外の魚介を入れ、塩をふる。レモン汁、にんにく、E.V.オリーブオイル、**2**でとりおいた汁（大さじ2）を加えてよく混ぜる。

6 エンダイブを小さくちぎり、パセリとともに魚介に加え、よく混ぜる。最後に貝を加えて混ぜる。

盛り付け
にんにくを除き、大皿に美しく盛る。

Insalata di calamari bolliti
やりいかのボイル、サラダ仕立て

いかは生でもおいしい素材ですが、軽く湯に通すと調味料の味がのりやすく、サラダ向きに。
湯に入れてひと混ぜするくらいの浅い火入れで、甘みと柔らかさを活かします。調味は温かいうちがよくしみ込みます。

材料（2人分）
やりいか* —— 1杯
ブロッコリー —— 1/6個
パプリカ（赤、黄）—— 各1個
ラディッシュ —— 2個
紅芯大根* —— 1/4個
赤ワインビネガー —— 大さじ1
E.V. オリーブオイル —— 適量
塩 —— 適量
仕上げ
パセリ（葉）—— 2枚

*やりいか／いかは種類を問わないが、やりいかが柔らかくサラダ向き。下処理p.21参照。

*紅芯大根／小ぶりの丸大根で、内側が鮮やかな紅色。辛みが少なく、歯ごたえのよい生食向き大根。

作り方

1 やりいかの胴部は皮をむき、幅1㎝の輪切りに、脚は3〜4本ずつに切り分ける。沸騰した湯に塩を入れ、いかを入れてひと混ぜする（**a**）。すぐにザルに上げ（**b**）、ペーパータオルで水分を拭く（**c**）。
• ゆで汁は捨てずに取りおく。

2 ブロッコリーとパプリカはいかとほぼ同じ大きさに切り、ラディッシュと紅芯大根は薄切りにする。火の通りにくいものから順に（紅芯大根、パプリカ、ブロッコリー、ラディッシュ）、いかのゆで汁に入れて歯ごたえの残る柔らかさにゆでる。ザルに上げて水気をきる。
• 野菜もいかも、大きさを揃えることで味のバランスがよくなる。

3 ボウルにいかと野菜を入れる（**d**）。生温かいうちに塩と赤ワインビネガーを加えて混ぜ、E.V. オリーブオイルを加えてさらによく混ぜる。

盛り付け
器に盛り、パセリを添える。
• 作りたての常温がおいしい。冷やしすぎるといかが硬くなり、風味も落ちる。

a　　b　　c　　d

Insalata di polpo affumicato
たこの燻製と黒オリーブ

スモークサーモンの例があるように、燻製の調理法は魚介とも相性がよいもの。ここではゆでだこを燻製にしてサラダ風に仕立てます。両面で3分程度の短時間スモーク。ひと晩おいたほうが、香りがなじみます。

材料（2人分）
たこの脚
　（ゆでたもの）―― 2本（180g）
燻製用チップ（桜）―― 20g
グラニュー糖 ―― 5g
黒オリーブ（種なし）―― 50g
セロリ（幅5mmの小口切り）―― 40g
フルーツトマト*
　（薄いくし形切り）―― 40g
ケイパー（酢漬け）―― 小さじ2
パセリ
　（粗みじん切り）―― 小さじ1/2
レモン汁 ―― 小さじ1　塩 ―― 適量
仕上げ
レモン（輪切り）―― 1枚
セロリ（葉）―― 3〜4枚

*フルーツトマト／皮を湯むきし、種を取ったもの。

作り方
1 フライパンにアルミホイルを敷き、燻製用チップとグラニュー糖を入れて焼き網をのせ、強火にかける。煙が出始めたら、たこをのせる（**a**）。蓋をして1分30秒ほど燻し（**b**）、裏返しにして、さらに1分30秒燻す。取り出して粗熱をとる。
● 燻すと薄茶色になるが、色づきが薄ければさらに時間をかける。

2 たこをひと口大に切る。ボウルに入れ、黒オリーブ、セロリ、フルーツトマト、ケイパー、パセリを加え、レモン汁と塩をふってよく混ぜる。

盛り付け
器に盛り、レモンの輪切りを4つに切ってセロリの葉とともに添える。

ほんのりあめ色に色づいた、たこの燻製。黒オリーブのほか、小さく切り揃えたセロリやフルーツトマトを合わせる。

器／ノリタケ

Grongo alla griglia al "Wasabi" con purea di melanzane
穴子のグリル、
焼きなすのピュレ、わさび風味

塩味で香ばしくグリルした穴子はそれだけで充分おいしい素材。しかし、クリームのような甘み、なめらかさを引き出した焼きなすのピュレを組み合わせると、いっそう引き立ちます。
ピュレとは対照的なみずみずしい水なす、そして粗く削りおろしたわさびも大事なアクセントです。

材料（1人分）

穴子（切り身）── 80g
水なす ── 1本
赤ワインビネガー ── 適量
パルミジャーノ ── 適量
E.V. オリーブオイル ── 適量
塩 ── 適量
焼きなすのピュレ（作りやすい分量）
　なす ── 2本
　フェンネルシード ── 適量
　E.V. オリーブオイル ── 適量
　塩 ── 適量
仕上げ
わさび* ── 適量
マイクロリーフ（パセリ）── 適量
E.V. オリーブオイル ── 適量

＊わさび／チーズ用のグレーターで粗く削る。

作り方

1 なすのピュレを作る。なすをへた付きのまま、直火で皮が焦げるまで網焼きする（**a**）。皿にとってラップをかけ、蒸らしながら粗熱をとる。皮をむき（**b**）、へたを取って、ミキサーに入れる。フェンネルシード、塩、E.V. オリーブオイルを加えて回し、なめらかなピュレにする（**c**）。

・なすは皮にしわが寄り、水分がしみ出してきたら焼き上がりのサイン。

2 水なすをひと口大に裂き、塩、赤ワインビネガー、パルミジャーノ、E.V. オリーブオイルで和える。

3 穴子の両面に塩をふり、皮にE.V. オリーブオイルをかける。グリル板を強火で熱して、穴子の皮を下にして香ばしく焼く。身が反りやすいので、ターナーなどでしっかり押さえて平らに焼き上げる（**d**）。裏に返し、身の面はさっと火を入れる（**e**）。

盛り付け

器になすのピュレを敷き、穴子と水なすを盛る。わさびを散らし、マイクロリーフを飾ってE.V. オリーブオイルをかける。

 a
 b
 c
 d
 e

Fritto フリット

フリットは揚げもの料理の総称。素揚げ、小麦粉をまぶしたもの、パン粉をつけたフライ風、天ぷらのような柔らかいころもをつけたものなど、揚げ方にはいくつかのタイプがあります。魚介の定番は、いか、海老、小魚ですが、白身魚や青身魚ももちろんおいしいフリット材料。魚介ところもの組み合わせでバリエーションが広がります。

基本

Fritto misto di mare
魚介のフリットミスト

店でお出ししているフリットは、天ぷら風のころもをつけるのが基本。水分にビールを使っていてふっくら仕上がり、イタリアでもポピュラーなレシピです。

材料（2人分）

やりいか（皮をむいて輪切り）
　　── 40g
車海老（殻をむいたもの） ── 3尾
きびなご ── 4尾
めひかり ── 2尾
白身魚（ひと口大） ── 40g
薄力粉 ── 適量
揚げ油 ── 適量
ころも
　薄力粉 ── 150g
　塩 ── ひとつまみ
　イースト（ドライ） ── 1g
　ビール ── 240ml
仕上げ
塩 ── 適量
レモン（くし形切り） ── 1/4個分
パセリ ── 2枝

小魚と海老は1尾丸ごと、いかや白身魚はひと口大がフリットに適した大きさ。

1　ころもを作る。ボウルに薄力粉、塩、イーストを入れる。

2　ビールを少量ずつたらしながら、泡立て器でゆっくり混ぜ始める。
・ビールの代わりに白ワインもよく使われる。

3　ビールを入れ終えた段階では、まだ粉の固まりが残っている。

4　粉気が消えてなめらかな生地になるまで混ぜる。ころものでき上がり。

5　魚介類の水分を拭き、ころもをつける前に薄力粉を薄くまぶす。ころもが均一につき、また素材の水分を吸収してくれるのでころもがサクッと揚がる。

6　4のころもに入れてまぶす。

7　1種類ずつ170℃の揚げ油に入れて、火が通るまで揚げる。

8　網杓子ですくって油をきる。

9　ペーパータオルにのせて余分な油をきり、軽く塩をふる。器に盛り合わせて、レモンとパセリを添える。

147

器／ヴェール

Fritto di capasanta alla purea di "Yamaimo"
帆立のフリット、やまいものピュレ添え

大型の帆立貝柱のフリットをレアに仕上げ、和素材のやまいものピュレを付け合わせています。
ねっとりしたからみつく食感が魚介料理によく合うんです。すりおろしたものを煮詰めるとよりからみやすくなり、
えぐみも抜けておいしさが増します。パルミジャーノと生のマッシュルームでサラダ仕立てに。

材料 (1人分)

帆立貝柱 — 大1個
ころも (作りやすい分量)
 薄力粉 — 75g
 塩 — ひとつまみ
 イースト (ドライ) — 0.5g
 ビール — 100ml
薄力粉 — 適量
塩 — 適量
揚げ油 — 適量
やまいものピュレ (以下の配合) — 15g
 やまいも — 300g
 鶏のブロード (右記) — 150g
 塩 — 適量
仕上げ
マッシュルーム (薄切り) — 1個分
パルミジャーノ — 適量
すだち — 1/4個分

作り方

1 やまいものピュレを作る。やまいもの皮をむいて適宜の大きさに切り、ミキサーに入れて鶏のブロードを注ぐ (**a**)。とろとろの状態に撹拌する (**b**)。鍋に移し (**c**)、塩を加えて中火にかける。ゴムべらで混ぜながら煮詰めて水分を飛ばす (**d**)。
・最終的に、粘りが出てもったりとし、ボタッと固まりで落ちる濃度まで煮詰める (**e**)。

2 帆立貝柱用のころもを作る。ボウルに薄力粉、塩、イーストを入れ、ビールを注ぎながら泡立て器で混ぜる。

3 貝柱に塩をして薄力粉をふり、**2**のころもをつける。170℃の油で揚げ、貝柱の中心をレアの火入れに仕上げてペーパータオルにのせて油をきる。

盛り付け

やまいものピュレを温めて器に敷き、貝柱のフリットをのせる。パルミジャーノをかけてマッシュルームを散らし、すだちを添える。

●鶏のブロードの作り方

材料 (作りやすい分量)

鶏ガラ — 5kg
玉ねぎ — 5個
にんじん — 2本
セロリ — 3本
パセリの軸 — 2本
ローリエ — 2枚
塩 — 適量
黒粒こしょう — 10粒
水 — 材料がかぶる量

作り方

1 鶏ガラは水洗いして汚れを取り、ザルに上げて水気をきる。玉ねぎとにんじんに十字の切り込みを入れる。

2 鍋に材料をすべて入れ、強火にかける。沸騰したら弱火にし、アクを取りながら約3〜4時間煮出してこす。

 a
 b
 c
 d
 e

Fritto di suro
あじフライ

あじフライやかきフライは、今や日本の国民食といってもいい料理です。
ウスターソースをかければおなじみの"洋食"ですが、
オリーブオイルベースのソースに工夫することで、納得のイタリアンの一皿に。

Salsa di pomodoro fresco e "Sakuraebi"
桜海老とフレッシュトマトのソース、ミント風味

釜揚げの桜海老とトマトを、レモンとオイルの
ビネグレット味のソースにします。盛り付け時にかける
ペパーミントは彩りではなく、副素材のひとつ。
たっぷりの量を使うことがポイントです。

Salsa piemontese
サルサ・ピエモンテーゼ、パセリ風味

イタリアンパセリ主体で作るグリーンソースのひとつで、
ゆで卵やケイパーも入った旨みのあるソースです。
仕上げにもパセリを散らしますが、
これも充分な量をかけてインパクトのある味にします。

●あじフライの作り方

オーソドックスなあじフライを作ります。
フライには身のたっぷりついた中～大サイズを。
大型の場合は三枚おろしを半分に切るといいでしょう。
店では天然酵母のパンで作ったパン粉を使っていますが、
おいしいパン粉を使えば一層風味が増します。

材料 (2人分)

あじ (三枚おろし) ── 2枚 (200g)
塩 ── 適量
ころも (薄力粉、全卵、パン粉) ── 各適量
揚げ油 ── 適量

作り方

1 あじは大型の場合は三枚おろしを半分に切る。両面に塩をふる (**a**)。

2 薄力粉、卵液、パン粉の順にころもをまぶす (**b、c**)。

3 170℃の揚げ油にあじを入れ、ころもが黄金色にしっかりと色づくまで、数分かけて揚げる (**d**)。

4 ペーパータオルにのせて油をきる。

a   b
c   d

●桜海老とフレッシュトマトのソース

塩ゆでの釜揚げ桜海老が柔らかく、身も厚くておいしいです。
生の桜海老の場合はいったん塩ゆでを。

材料 (2人分)

桜海老 (釜揚げ) ── 40g
トマト* (小角切り) ── 1個分
ケイパー (酢漬け) ── 小さじ2
レモン汁 ── 小さじ1
E.V. オリーブオイル ── 適量
塩 ── 適量
仕上げ
ペパーミント* (葉のみ) ── ひとつかみ
黒こしょう (粗挽き) ── 適量

*トマト/皮を湯むきし、種を取ったもの。
*ペパーミント/氷水にさらしてパリッとさせてから、水分を拭き取る。

作り方

1 桜海老とフレッシュトマトのソースの材料をすべてボウルに合わせ、ゴムべらでよく混ぜる。

2 器に盛ったあじのフライにソースをかけ、ペパーミントを散らし、黒こしょうをふる。

●サルサ・ピエモンテーゼ

材料をすべて、大きさを揃えてきざみ、混ぜるだけ。魚料理のほか、肉料理、卵料理など何にでも使えて重宝するソースです。

材料 (2人分)

ゆで卵 (みじん切り) ── 1個分
ケイパー (酢漬け。みじん切り) ── 25g
エシャロット (みじん切り) ── 20g
イタパセーゼ (下記) ── 15g
イタリアンパセリ (粗みじん切り) ── 5g
白ワインビネガー ── 5g
E.V. オリーブオイル ── 50g
塩 ── 適量
仕上げ
カーリーパセリ* (葉のみ) ── ひとつかみ

*カーリーパセリ/葉が小さく柔らかいものがよい。氷水にさらしてパリッとさせてから、水分を拭き取る。

作り方

1 サルサ・ピエモンテーゼの材料をすべてボウルに合わせ、ゴムべらでよく混ぜる。

2 器に盛ったあじのフライにソースをかけ、カーリーパセリを散らす。

●イタリアンパセリのピュレ「イタパセーゼ」

バジリコの代わりにイタリアンパセリを使い、ペスト・ジェノヴェーゼ風に作るさわやかでコクのあるピュレ。
造語で、当店の調理場で使っている呼び名。

材料 (作りやすい分量)

イタリアンパセリ ── 50g
松の実 (160℃のオーブンで5分ロースト) ── 15g
エシャロット ── 5g
E.V. オリーブオイル ── 150g

作り方

1 松の実、エシャロット、半量のE.V. オリーブオイルをミキサーで回す。

2 イタリアンパセリの半量と残りのE.V. オリーブオイルを加え、さらに回す。

3 最後に残りのイタリアンパセリを加えてピュレ状に仕上げる。

Pasta
パスタ

写真は「スパゲッティのヴォンゴレ・ビアンコ」。 ...> 作り方はp.154参照

魚介のパスタは、スパゲッティ・ヴォンゴレに代表される貝のパスタ、
貝、いか、たこ、海老などを豊富に組み合わせたペスカトーレ、
さらにいかすみやからすみ、うになどの
珍味をシンプルにからめた料理もポピュラーです。
パスタ自体は標準ゆで時間より30秒から1分ほど早く上げ、
その分をソースとよく混ぜながら火を入れることがコツ。
パスタに味がよくしみ込み、一体感が増します。

基本

Spaghetti alle vongole in bianco
スパゲッティのヴォンゴレ・ビアンコ —p.152

スパゲッティ・ヴォンゴレの醍醐味は、あさり自体がもつ旨みと身のプリプリ感。
火を入れすぎると身が硬く締まり、やせるので、
殻が開いたら取り出しておき、スパゲッティと煮汁をよくからめたところに戻して混ぜましょう。

材料（1人分）

スパゲッティーニ（直径1.6㎜）── 80g
塩 ── ゆで汁用の湯の1％

あさり（殻付き）
　── 大10個（小粒なら15個）
にんにく（つぶしたもの）── 1片
赤唐辛子（細かくちぎる）── 1/2本分
パセリ（粗みじん切り）── 適量
白ワイン ── 50ml
E.V.オリーブオイル ── 適量
仕上げ
パセリ（粗みじん切り）── 適量

1 フライパンにE.V.オリーブオイル、にんにく、赤唐辛子を入れて中火にかける。同時に、別鍋で湯を沸かし、塩を入れてスパゲッティーニをゆで始める。

2 にんにくがほんのり色づくまで火を入れて、オイルに香りを移す。

3 あさりを入れ、ひと混ぜして火を止める。

・あさりの水分で油が跳ねるので注意を。次に白ワインも加えるので、いったん火を止めたほうが跳ねにくく調理しやすい。

あさりを翌日に持ち越す時は、海水と同じ塩分濃度（約3％）の食塩水に完全に浸して冷蔵庫へ。この時、バットに網を敷いてあさりをのせると、あさりの吐いた泥などが底に沈むので、再び吸い込むことがなく効率的。

8 煮汁はフライパンに残し、火を止めてスパゲッティーニのゆで上がりを待つ。

9 フライパンを中火にかけ、湯をきったスパゲッティーニを入れる。

10 続けてパセリを入れる。

4 白ワインを一気に加える。

5 すぐに蓋をして、中火にかける。

6 あさりの殻が開くまで、時々フライパンをゆすりながら火を入れる。

● 塩味はあさりの塩分で充分。ただし、個体差があるので殻が開いたら汁を味見し、塩気が強ければ水で薄める。

7 すべての殻が開いたら殻ごと取り出す。

11 E.V.オリーブオイルを適量加えて、30秒ほど菜箸で混ぜたりフライパンをふったりしながら、煮るように味を含ませる。

● パスタの表面を見ながら、乾かず、ベタつかずの状態を保つ。水分が足りなければ水を適宜加えて油と水分を1：1に保つと、きれいに乳化してパスタにからみやすくなる。

12 スパゲッティーニがソースを含んだら、取り出しておいた7のあさりを戻す。

13 菜箸で混ぜたりフライパンをふったりしながら全体をよく混ぜ、殻にたまっていた水分もスパゲッティーニに含ませる。

14 フライパンの底に水分がたまっていなければでき上がり。

盛り付け
あさりとスパゲッティーニをバランスよく器に盛り、パセリをふる。

155

Pasta con le sarde
パスタ・コン・レ・サルデ

そぼろ状にして煮込んだいわしとフェンネルをソースにした、シチリアの代表的パスタ料理。
スパゲッティのようなロングパスタより、中心に穴のあいた太いショートパスタのほうがソースとよくなじみ、
おいしさが増します。いわしは野菜と炒め合わせる前に表面を焼いておくと、生臭みのない洗練された味になります。

材料（2人分）

リガトーニ＊ ── 120g
塩 ── ゆで汁用の湯の1％

いわし（三枚おろし）── 6枚
玉ねぎ（みじん切り）── 1/2個分
フェンネル（株の部分。細切り）── 30g
フェンネル（葉）── 15g
トマト＊（小角切り）── 1個分
松の実＊ ── 10g
サフラン ── ひとつまみ
E.V.オリーブオイル ── 適量
塩 ── 適量
仕上げ
フェンネル（葉）── 少量

＊リガトーニ／ほかにマッケローニ（マカロニ）、ジータ・タリアータなども向く。

＊トマト／皮を湯むきし、種を取ったもの。

＊松の実／160℃のオーブンで約5分ローストする。

作り方

1 いわしは皮付きのまま、両面に塩をふる（**a**）。

2 フェンネルの葉を、柔らかくなるまで30分ほどゆでる（**b**）。

3 別鍋に湯を沸かし、塩を入れてリガトーニをゆで始める。

4 フライパンにE.V.オリーブオイルと玉ねぎを入れ、中火で炒める。柔らかくなり、甘みが出るまで火を入れる。

5 別のフライパンにE.V.オリーブオイルをひいて中火にかけ、いわしの両面をソテーする。焼き色がつき、香ばしさが出るまで焼いて臭みを飛ばす（**c**）。

・あとで身をつぶして細かくするので、崩れてもよい。

6 鍋に**4**の玉ねぎと焼いたいわしを入れ、木べらで全体をつぶしながら炒め合わせ、ふたつの味をなじませる（**d**）。フェンネルの株、トマト、松の実の順に加え、そのつど炒め合わせる（**e、f、g**）。

7 2のフェンネルの葉を、水気を絞ってざく切りにする。**6**の鍋に加え（**h**）、炒め合わせる。葉のゆで汁もひたひたに入れ（**i**）、サフランを加える。中火で、フェンネルの株がクタクタに柔らかくなり、少し煮詰まるまで煮る（**j、k**）。

8 リガトーニがゆで上がったら、湯をきって入れ、よく混ぜる（**l**）。塩で味をととのえる。

盛り付け
器に盛り、フレッシュのフェンネルの葉を散らす。

Spaghetti ai ricci di mare
うにのスパゲッティ

生クリーム仕立てや冷製にすることも多いうにのパスタですが、
ここではにんにくの風味をつけた熱いオリーブオイルに溶かしてソースにします。
甘みのあるうにの風味がダイレクトに伝わってくるソースです。
加熱しすぎるとうにがパサパサになるので、手早く混ぜて最小限の火入れにとどめ、なめらかさを大切に。

材料（1人分）

スパゲッティーニ —— 80g
塩 —— ゆで汁用の湯の1％

うに（生）—— 50g
にんにく —— 1片
赤唐辛子 —— 1/2本
E.V.オリーブオイル —— 適量
あさつき（小口切り）—— 大さじ2
塩 —— 適量

仕上げ
うに（生）—— 5片
あさつき（小口切り）—— 少量

作り方

1 鍋に湯を沸かし、塩を入れてスパゲッティーニをゆで始める。

2 フライパンにE.V.オリーブオイル、にんにく、赤唐辛子を入れて中火にかける（**a**）。にんにくが薄く色づくまで火を入れて、オイルに香りを移す。にんにくと赤唐辛子を取り出す。

3 スパゲッティーニのゆで汁90mlを加えて温度を下げる（**b**、**c**）。

4 ゆで上がりの30秒前に**3**を中火にかけてうにを加え（**d**）、ゴムべらでつぶしながら溶かし込む（**e**）。とろみが出て、うにの粒が多少残っている状態で止める（**f**）。

5 湯をきったスパゲッティーニを入れ、さっと混ぜる（**g**）。あさつきを入れ（**h**）、E.V.オリーブオイルと塩をふる。火を止めて、ゴムべらで混ぜたりフライパンをふったりしながらよくからめて味を含ませる（**i**）。水分が足りない場合は水を少量補って混ぜる。

盛り付け

器に盛り、仕上げのうにとあさつきをのせる。

Spaghetti alla bottarga
からすみのスパゲッティ、焦がしバターソース

パウダー状のからすみを焦がしバターに溶かし、パスタにからめます。
店ではにんにく風味のオリーブオイルを使うことが多いですが、バターとも相性は抜群。
とくに焦がしバターにして香ばしさを出すとからすみの生臭さが抑えられ、切れ味のよさも出ます。
からすみは塩漬け品なので、ソースには塩を入れなくても充分です。

材料（1人分）
スパゲッティーニ —— 80g
塩 —— ゆで汁用の湯の1％

からすみ（パウダー） —— 20g
バター —— 30g
仕上げ
からすみ（パウダー） —— 少量
パセリ（粗みじん切り） —— 適量

作り方
1 鍋に湯を沸かし、塩を入れてスパゲッティーニをゆで始める。

2 フライパンにバターを入れ、中火にかけて溶かす（**a、b**）。さらに火を入れて茶色に色づけし、焦がしバターにする。水を少量加えて温度を下げ、焦げすぎを防ぐ（**c、d**）。

3 からすみを入れ（**e**）、水を90mlほど足して手早く混ぜて溶かす（**f、g**）。火を止めておく。
● からすみの粉が水分を吸って煮詰まった状態になるので、水で薄めてゆるくする。からすみは塩分が強いため、加える水分はパスタのゆで汁ではなく水にする。

4 3を中火にかけ、湯をきったスパゲッティーニを入れて、菜箸でさっと混ぜる（**h**）。再度、水を少量加え（**i**）、混ぜたりフライパンをふったりしながらよくからめ、味を含ませる。

盛り付け
器に盛り、からすみとパセリをふる。

市販のパウダー状のからすみ（イタリア語ではボッタルガ）を使えば調理は手軽。固形のからすみの場合はすりおろして使う。

161

Paccheri alla pescatora
パッケリのペスカトーレ

いろいろな魚介を取り合わせてトマト煮にした、おなじみのパスタ料理。
貝は殻付きを蒸し煮にし、海老、いか、帆立貝は香ばしく焼いて水分を飛ばし、
旨みを凝縮したものをソースに合わせると洗練されたペスカトーレに。
スパゲッティで作ることが多いですが、パッケリのような大きな穴のあいたパスタも合うものです。

材料（1人分）

パッケリ —— 60g
塩 —— ゆで汁用の湯の1％

車海老*（有頭の殻付き）—— 2尾
やりいか（輪切り）—— 2切れ
あさり（殻付き）—— 4個
ムール貝（殻付き）—— 2個
帆立貝柱 —— 2個
ホールトマト（缶詰）—— 200g
にんにく —— 1片
赤唐辛子 —— 1/2本
白ワイン —— 250㎖
E.V.オリーブオイル —— 適量
塩 —— 適量
仕上げ
パセリ（粗みじん切り）—— 適量

*車海老／殻付きのまま、背に縦に切り目を入れる。

コクの出る甲殻類と、旨み成分の多い殻付きの貝は必須で、数種類を組み合わせる。かにや白身魚を加えるのもよい。

作り方

1 鍋で湯を沸かし、塩を入れてパッケリをゆで始める。

2 フライパンにE.V.オリーブオイル、にんにく、赤唐辛子を入れて中火にかける（**a**）。にんにくが薄く色づくまで火を入れて、オイルに香りを移す。にんにくを取り出す。

3 あさりとムール貝を入れ、ひと混ぜして火を止め、白ワインを加える（**b**）。蓋をして中火にかけ、軽く火を入れる。

4 水を70mlほど加え（**c**）、蓋をして殻が開くまで火を入れる（**d**）。

5 ホールトマトを加えて混ぜ（**e**）、トマトが温まったらあさりとムール貝を取り出す（**f**）。残ったソースをほどよい濃度に煮詰める（**g**）。

6 別のフライパンにE.V.オリーブオイルをひいて車海老、やりいか、帆立貝の貝柱を入れ、塩をふって香ばしく焼く（**h**）。

7 6を5のトマトソースに移し、フライパンに水少量を入れて焼き汁を溶かす（**i**）。これもソースに加え（**j**）、魚介の身が硬く締まらない程度に煮詰めて濃度を出し、旨みを引き出す。あさりとムール貝を戻し入れ、塩で味をととのえる（**k**）。

8 ゆで上がったパッケリを、湯をきって入れ、E.V.オリーブオイルを加えてよく混ぜる（**l**）。

盛り付け
器に盛り、パセリを散らす。

Fedelini con salsa di pomodoro fresco alla pescatora
フェデリーニの冷製ペスカトーレ

冷製のトマトスープ風ソースで作るペスカトーレです。甘みの濃いフルーツトマトが必須で、なめらかなピュレにして、赤ワインビネガーとオリーブオイルでごくシンプルに味をつけます。魚介は海老、いか、貝類とゆでだこ。塩ゆでや蒸し煮にして、最後に極細パスタのフェデリーニとともにトマトソースと混ぜ合わせます。

材料（1人分）

フェデリーニ（直径1.4mm） —— 40g
塩 —— ゆで汁用の湯の1%
パスタを冷やす氷水 —— 適量

車海老（有頭） —— 1尾
やりいか（輪切り） —— 60g
ゆでだこ（輪切り） —— 40g
あさり（殻付き） —— 2個
はまぐり（殻付き） —— 2個
ムール貝（殻付き） —— 3個
フルーツトマト —— 4個
赤ワインビネガー —— 10ml
E.V. オリーブオイル —— 大さじ2
塩 —— 適量
仕上げ
マイクロリーフ（バジリコ） —— 数枚

ソースを冷やす氷水 —— 適量

具材の魚介の準備
車海老、やりいかは塩ゆでし、貝類は殻ごと蒸し煮にしてむき身に（p.141、作り方2参照）。ゆでだこは噛みごたえがあるように心持ち厚めの輪切りに。

作り方

1 鍋に湯を沸かし、塩を入れてフェデリーニをゆで始める。

・温製の場合のゆで時間は約4分だが、冷製では氷水で冷やすため、締まって硬くなる。充分に柔らかくゆでておく。

2 フルーツトマトはへたを除き、皮付きのままざく切りにする（**a**）。ミキサーにかけてピュレにし、こしてボウルに移す（**b、c**）。ボウルは底に氷水をあてる。

3 2に赤ワインビネガーとE.V. オリーブオイル、塩を加える（**d**）。ゴムべらでよく混ぜて、軽くとろみをつける（**e**）。

4 フェデリーニがゆで上がったら、湯をきって氷水に入れ、もみ洗いするようにしてよく冷やす（**f**）。ペーパータオルで包み（**g**）、しっかりと絞って水分をきる（**h**）。

5 海老以外の魚介とフェデリーニを3のトマトソースに入れ（**i**）、よく混ぜる（**j**）。最後に海老を入れて軽く混ぜる。

盛り付け

フェデリーニをフォークか菜箸でくるくると巻いて器に盛り、上にソースと魚介を盛る。マイクロリーフを散らす。

・先にフェデリーニを盛り、上に魚介入りのソースをかけると美しい盛り付けになる。

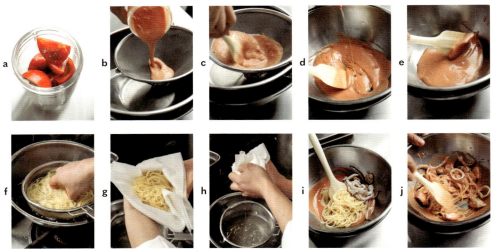

器／ヴェール

Fedelini al pesto genovese con "Ayu" e "Edamame"
鮎と枝豆のフェデリーニ、ジェノヴェーゼソース

鮎、枝豆、バジリコ……夏の素材を一皿に集め、細麺のフェデリーニで軽くさわやかに食べていただくパスタ料理です。
バジリコのソースはチーズを入れないバージョンで、軽やかな風味。鮎とたで酢が定番であるように、
ほろ苦いバジリコのソースは好相性です。鮎は柔らかさと香ばしさの残る焼きたてを和えるのがポイントです。

材料（1人分）
フェデリーニ ── 80g
塩 ── ゆで汁用の湯の1％

鮎 ── 大1尾
枝豆（塩ゆでしたもの）── 25g
ジェノヴァペースト（下記）── 20g
にんにく（みじん切り）── 適量
E.V.オリーブオイル ── 適量
塩 ── 適量
仕上げ
マイクロリーフ（バジリコ）── 適量
からすみ（パウダー）── 適量

作り方
1 鮎は内臓を取り、水洗いして水分を拭き取る。両面に塩をして、一尾丸ごと網焼きする。中心まで火を入れつつ、皮はこんがりと焼く（**a**）。粗熱をとって頭やひれ、中骨をはずし、左右の身を取り出す（**b**）。パスタに混ぜる具とトッピング用に分けて、約1.5cm幅に切る（**c**）。
・鮎は身を崩さないよう、トングで押さえながら手指でやさしく開く。

2 鍋に湯を沸かし、塩を入れてフェデリーニをゆでる。

3 フライパンにE.V.オリーブオイルとにんにくを入れて中火で炒め、香りが出たら枝豆を軽く炒める。少量の水を入れて軽く煮詰め、具の鮎の身を加えなじませる。

4 湯をきったフェデリーニを入れて和え、ジェノヴァペーストも加えてよくなじませる。最後に塩で味をととのえる。

盛り付け
器に盛り、トッピング用の鮎、マイクロリーフを散らし、からすみをふる。

 a
 b
 c

●ジェノヴァペーストの作り方

ジェノヴァペーストには本来、にんにくやおろしたチーズも入れるが、店ではストックするベースには入れず、各料理に使う時点で量を加減しながら加えている。ペーストの日持ちがよく、にんにくやチーズの風味も活きる。

材料（作りやすい分量）
バジリコ ── 30g
松の実 ── 3g
E.V.オリーブオイル ── 約50ml
重そう＊ ── ひとつまみ
塩 ── 適量
＊重そうはアク抜きの働きをし、バジリコの緑色をきれいに保てる。

作り方
小鍋にたっぷりの湯を沸かし、塩、重そう、バジリコを入れる。再沸騰したら湯をきって氷水に浸ける。粗熱がとれたら手で水分を絞り、ペーパータオルで挟んでさらに水分をきる。松の実、E.V.オリーブオイルとともにミルサーで撹拌してペーストにする。

Risotto
リゾット

炒めた米にブイヨンをくり返し足しながら煮上げていくリゾット。
ブイヨンは徐々に煮詰まっていくので、
魚介のリゾットにはクセの出やすい魚介のブイヨンではなく、
あっさりとした野菜のブイヨンを使います。具は種類を絞り、
小ぶりのものを使ってシンプルに仕上げるのが基本です。

基本

Risotto ai gamberi e piselli
海老とグリーンピースのリゾット

米とグリーンピースの伝統的なスープ料理「リージ・エ・ビージ」をリゾットに応用。
最後にチーズやオイルでつながずにやや水分を多めに仕上げています。
魚介は豆と相性のよい海老を。別に炒めて、後半にリゾットに加えると食感も風味も美味。

材料（1人分）

米 —— 60g
車海老（むき身。2～3等分）—— 2尾分
グリーンピース —— 30g
バター —— 15g
塩 —— 適量
野菜のブイヨン＊（下記）
　—— 約500ml
E.V. オリーブオイル —— 適量

＊野菜のブイヨン／熱いものを用意する。

1 鍋にバターを入れて中火にかけ、溶け始めたらすぐに米を加える。

・バターを完全に溶かしてからだと、バターが焦げてリゾットに色がついてしまう。

2 木べらでまんべんなく炒める。

・鍋底の縁は木べらが届きにくく、米がたまったり焦げついたりしやすいので念入りに。開口部が広がっている鍋のほうが木べらを大きく動かすことができ、縁まで届きやすい。

3 バターの水分が出て、ふつふつと沸いてくる。焦がさないように引き続き炒める。

4 米が温まってきたらグリーンピースを加え、グリーンピースも熱くなるまで、さらに炒める。

5 1回目のブイヨンをひたひたより少し多めに入れる。最初は約100ml。

・ブイヨンは必ず熱いものを使う。冷めていると温まるまでに時間がかかり、米に味がしみ込む前に煮えてしまう。

6 ふつふつと小さな気泡が上がる火加減を保ちながら煮る。

・最初に木べらで混ぜすぎると、粘りが出すぎてベタついてしまうので、鍋底にはりつかないよう、時々混ぜるくらいにする。

7 ブイヨンが煮詰まり、米やグリーンピースの粒が見えてきたら、次のブイヨンをひたひたに入れる。塩で味をつけて同様に煮る。

・少量ずつぎりぎりの水分で煮ることで、ブイヨンの味がよくしみ込み、歯ごたえのある食感に仕上がる。

8 あと2回ほど、ブイヨンを入れて煮る工程をくり返す。8割方煮えてきたリゾット。

9 フライパンにE.V.オリーブオイルと海老を入れ、中火にかけてソテーする。香ばしさをつけながら火を通す。

10 リゾットにもう1回ブイヨンを入れて、しっかり混ぜてなめらかにする。炒めた海老を加えて混ぜ、フライパンに少量の水を入れて焼き汁を溶かし、これもリゾットに加える。

11 1～2分かけて、練るようにしっかりと混ぜてとろみを出して仕上げる。塩で味をととのえ、器に平らに盛る。

・ブイヨンを入れ始めてから16～17分で煮上げる。

●野菜のブイヨン

材料（作りやすい分量）

玉ねぎ（薄切り）—— 1/2個分
にんじん（薄切り）—— 1/2本分
セロリ（軸の薄切りと葉）—— 1/2本分
水 —— 2ℓ

＊ローリエ、白粒こしょう、パセリの軸、トマトのへたなどを加えてもよい。

作り方

1 鍋に玉ねぎ、にんじん、セロリを入れ、水を注いで強火にかける。

2 沸騰したら弱火にし、アクを取りながら30分煮出す。

3 粗熱をとりながら旨みを出し、こす。

Risotto con ostriche
かきのリゾット

香ばしく炒めたかきを、リゾットの仕上げ間際に合わせます。
かきは薄力粉をまぶして焼くと縮むことがなく、粉が焼けた旨みも加わっておいしさを押し上げます。
味と食感のアクセントに加えるのはほろ苦いアンディーブ。小松菜、ほうれん草、グリーンピースなども合います。

材料（1人分）
米 —— 60g
かき（むき身*）—— 5個（100g）
薄力粉 —— 少量
アンディーブ（縦の薄切り）—— 40g
パセリ（粗みじん切り）—— 適量
バター —— 25g
塩 —— 適量
野菜のブイヨン*（p.169）—— 約500ml
E.V.オリーブオイル —— 適量

*かき／ペーパータオルで表面の水分を拭き取る。

*野菜のブイヨン／熱いものを用意する。

作り方

1 鍋にバター15gを入れて中火にかけ、溶け始めたらすぐに米を加える。米が温まるまで、木べらでまんべんなく炒める。

2 1回目のブイヨンをひたひたより少し多め（約100ml）に入れる。ふつふつと小さな気泡が上がる火加減を保ちながら煮る。ブイヨンが煮詰まり、米の粒が見えてきたら（**a**）、次のブイヨンをひたひたに入れる（**b**）。同様にあと2回ほどくり返して煮る。

3 アンディーブを加え、ブイヨンを少量足して、塩で味をつける（**c**）。アンディーブが柔らかくなるまで混ぜながら煮る（**d**）。

4 その間に、かきを炒める。かきに薄く薄力粉をまぶし（**e**）、フライパンにE.V.オリーブオイルとともに入れて中火にかける。表面が色づいて、中心にぎりぎり火が通るまで焼く（**f**）。

5 3のリゾットにブイヨン少量を入れて、とろみを出すようにしっかり混ぜてなめらかにしてから、炒めたかきを加えて混ぜる。

6 かきを炒めたフライパンに少量の水を入れて火にかけ、焼き汁を溶かす（**g**）。リゾットに加え、1～2分かけて、練るようにしっかりと混ぜる。最後にバター10gと塩を入れて溶かし（**h**）、パセリも入れて混ぜる（**i**）。

● 仕上げに混ぜる油脂は、最近はオリーブオイルが増えているが、この料理ではかきと相性のよいバターを使う。

盛り付け
器に平らに盛る。

171

Risotto al nero di seppia
いかすみのリゾット

簡単な工程でさっぱりした味わいに仕上げるいかすみのリゾット。いかの身は、柔らかいやりいかがおすすめ。
野菜のブイヨンでリゾットを作り、後半にいかすみと、別にソテーしておいたいかの身を混ぜます。
いかすみを早い段階で入れると米が水分を吸収しにくくなり、すみの風味も飛んでしまうので、タイミングが大事です。

材料（1人分）
米 —— 60g
やりいか（胴部の輪切りと脚）
　　 —— 60g
いかすみ（ペースト）—— 10g
バター —— 15g
E.V. オリーブオイル —— 適量
塩 —— 適量
野菜のブイヨン*（p.169）約500ml
仕上げ
パセリ（粗みじん切り）—— 適量

＊野菜のブイヨン／熱いものを用意する。

作り方

1 鍋にバターを入れて中火にかけ、溶け始めたらすぐに米を加える。米が温まるまで、木べらでまんべんなく炒める。

2 1回目のブイヨンをひたひたより少し多め（約100ml）に入れる。ふつふつと小さな気泡が上がる火加減を保ちながら煮る（**a**）。ブイヨンが煮詰まり、米の粒が見えてきたら、次のブイヨンをひたひたに入れる（**b**）。同様にあと2〜3回くり返して煮る（**c**）。

3 煮詰まったところでいかすみを加え、手早くかき混ぜる（**d**）。水を少量入れてのばし、とろみを出すようにしっかり混ぜてなめらかにする（**e**）。

• いかすみを入れると濃度が出て焦げつきやすいので、水でのばし、**4**でいかを炒めている間は火からはずしておくとよい。

4 フライパンにE.V. オリーブオイルといかを入れて中火にかけ、いかにぎりぎり火が通るまでソテーする（**f**）。リゾットを火にかけ、いかを入れて混ぜる（**g**）。

5 いかを炒めたフライパンに少量の水を入れ、火にかけて焼き汁を溶かして（**h**）、リゾットに加える（**i**）。1〜2分かけて、練るようにしっかりと混ぜる（**j**）。最後に塩で味をととのえ、E.V. オリーブオイルを混ぜる。

盛り付け
器に平らに盛り、パセリを散らす。

すみいか以外のいかはすみが少ないので、市販のペーストを利用する。製品により塩味が異なるので、味見して調整を。
★生のいかすみがある場合は、すみ袋から絞り出し、水でのばしてフライパンで煮詰め、生臭みを飛ばす。量が少なければペーストと合わせる。

Secondo Piatto
セコンドピアット

魚介がメインのセコンドピアット。
わが店の看板料理は店名にもなっている「アクアパッツァ」です。
骨付き、皮付きの魚をオリーブオイルで香ばしくソテーし、
あさりやセミドライのトマトとともに水で軽く煮込む、
シンプルでいて味わい深い料理です。
ブイヨンなどの旨み材料を使わず、
水だけで魚のもつ旨みをストレートに引き出す技法は、
漁師料理をルーツとすることに由来。
白身魚が定番ですが、あじ、いわし、さばなど
大きめの青身魚もおすすめです。

Acqua pazza
アクアパッツァ

写真は「金目鯛のアクアパッツァ」。 ┈▷作り方はp.176参照

基本

Berice rosso all'acqua pazza
金目鯛のアクアパッツァ

白身魚なら、金目鯛のほかに鯛、甘鯛、かさご、かれい、小ぶりのいさきなど自由に。水分や脂分の多い身質のほうが、煮汁がよくなじみます。切り身の場合も骨付き、皮付きで。頭などのアラもあれば、旨みを出すために一緒に調理するとよいでしょう。

材料（4人分）
金目鯛 —— 1尾（約500g）
あさり —— 8個
セミドライトマト（下記）—— 20個
パセリ（みじん切り*）—— 大さじ1
塩 —— 適量
水 —— 540ml
E.V. オリーブオイル —— 適量
仕上げ
マイクロリーフ（バジリコ）—— 5〜6枚

*パセリ／パセリの風味をしっかりきかせるために、非常に細かいみじん切りにする。

金目鯛の下処理
背びれ、尾びれ、尻びれをはさみで切り落とす。うろこを丁寧にひき、水洗いする。えらと内臓を取り除いたのち、流水でよく洗って血合いなどを洗い流す。

●セミドライトマトの作り方

アクアパッツァには、少し水分を飛ばしたセミドライのトマトが合います。ナポリ一帯では、夏に収穫したトマトを保存目的で軒先につるし、自然に水分を飛ばしながら使っています。湿度の高い日本で自然乾燥は難しいので、オーブンの力を借りてセミドライにします。

材料
ミニトマト —— 10個
塩 —— 適量

作り方
1 ミニトマトのへたを取り除き、横半分に切る。オーブンペーパーの上に、切り口を上にして並べる。切り口に塩少量をふる（**a**）。
2 95℃に温めたオーブンに入れ、2時間乾かす。常温で半日ほどおいて、さらに水分を飛ばす（**b**）。
• 店のコンベクションオーブンでは92℃で3時間。機種にもよるので90〜100℃で調整を。

a

b

1 1尾丸ごとの魚は、身の厚い部分（背びれの下あたり）に、両面ともに切り目を入れる。
• 火を通しやすくするためで、中骨に到達するまで深く切る。また、魚は冷たすぎると中心に火が入るのに時間がかかるので、調理の1時間ほど前に冷蔵庫から出しておく。

2 腹の中に塩をしっかりふる。

3 両面ともに、皮の上に塩をしっかりふる。

4 フライパンにE.V.オリーブオイルをひいて金目鯛をのせる。中火にかけて焼き始める。
• 盛り付けた時に表になる面から焼く。

5 火のあたりにくい縁の近くは、魚の片側を持ち上げて焼き、全体に均一な焼き色をつける。

6 裏返しにし、E.V.オリーブオイルが足りなければ補い、同様に焼く。焼き終えたら、フライパンに残っている焦げた油をペーパータオルで拭き取る。
• こんがりと色づくまで焼いたほうが香ばしく、皮の旨みも出る。

7 水を約360ml加え、強火にして煮汁を沸かす。

8 沸いた煮汁をレードルでくり返しすくっては魚にかけ、火を入れていく。途中で水を90mlほど足し、沸騰状態で3〜4分かけ続ける。
- 旨みの出る頭にもしっかりかける。

9 あさりとセミドライトマトを加える。

10 くり返し煮汁をすくって、魚、あさり、トマトにかけ、あさりの殻が開くまで煮る。

11 水をさらに90mlほど加え、煮汁を魚にかけながらさらに1〜2分煮る。

12 煮詰まった水分量の1/2ほどのE.V.オリーブオイルを回しかける。

13 オリーブオイルと水分が乳化するまで、約2分煮汁をくり返し魚にかける。

14 パセリをふり入れ、煮汁を数回回しかけてでき上がり。身を崩さないように器に盛り、マイクロリーフを添える。
- 熱々のうちに食べてこそ、アクアパッツァを満喫できる。

177

Suro all'acqua pazza con le verdure
あじと野菜のアクアパッツァ

もともとは魚だけで作るアクアパッツァですが、アレンジとして野菜をいろいろ加えてもおもしろいでしょう。
彩りが増し、栄養バランスもよくなり、なにより魚も野菜もともにおいしく食べられます。
魚は青身魚のあじを筒切りで使いました。

材料（2人分）

あじ —— 大1尾
あさり —— 6個
ミニトマト —— 6個
スナップえんどう —— 6本
ブロッコリ —— 60g
黒オリーブ（種あり）—— 20g
ケイパー（塩漬け*）—— 10g
パセリ（みじん切り）—— 大さじ1
水 —— 540ml
E.V.オリーブオイル —— 適量
塩 —— 適量

＊ケイパー／塩漬けは水洗いしてから水に半日浸し、途中で2回ほど水を替えて塩出しする。水分を絞って使う。(p.185)

今回使う野菜は、生のミニトマトとスナップえんどう、ブロッコリ。トマト以外は柔らかく塩ゆでしておく。さやいんげん、ズッキーニなど自由に。

作り方

1 あじは、ぜいごとうろこ、ひれを取り、内臓を抜いて水洗いする。身の中央で筒切りにする（**a**）。腹の中と表面に塩をまぶす（**b**）。

2 ミニトマトはへたを取り、包丁の切っ先を2か所に刺して果汁を出しやすくする（**c**）。

3 フライパンにE.V.オリーブオイルをひいてあじをのせる（盛り付けた時に表になる面を下に）。中火にかけて焼き始める（**d**）。火のあたりにくい縁の近くは魚の片側を持ち上げ、全体を均一にこんがりと焼く（**e**）。裏返しにして同様に焼く。

4 フライパンに残っている焦げた油をペーパータオルで拭き取る。水を360mlほど加え、強火にして煮汁を沸かす（**f**）。沸いた煮汁をレードルでくり返しすくって魚にかけ、火を入れていく（**g**）。途中で水を90mlほど入れ、沸騰状態で3〜4分続ける。

5 あさり、黒オリーブ、ケイパーを入れ、水をさらに90mlほど加える（**h**）。あさりの殻が開くまで、煮汁をくり返しかける。

6 ミニトマトと下ゆでしたスナップえんどう、ブロッコリを加え、温める程度に2分ほど煮詰める（**i**）。

7 煮詰まった水分量の1/3ほどのE.V.オリーブオイルを回しかけ（**j**）、オリーブオイルと水分が乳化するまで、煮汁をくり返し魚にかける。

8 パセリをふり入れ、数回煮汁を回しかけてでき上がり。

Berice rosso al vapore con orzotto
金目鯛のヴァポーレ、オルツォット仕立て

白身魚を蒸気でふんわり柔らかく火を入れます。蒸し器ではなく、鍋の中で大麦と少量のブロードの上にのせ、蓋をして蒸し上げる調理法。蒸しながら副材料の味や香りも含ませます。オルツォットはオルツォ（大麦）で作るリゾット風の料理ですが、ここでは付け合わせとして利用。粘りが出ないのでプチプチの食感が残って楽しいです。

材料（1人分）
- 金目鯛（切り身）── 80g
- 大麦＊（丸麦。ゆでたもの）── 30g
- あさり（殻付き）── 4個
- 青海苔（生）── 5g
- あさりのブロード（下記）── 90ml
- 塩 ── 適量
- 水 ── 適量

仕上げ
- ハーブ（セルフィーユ、ディルなど）── 適量
- E.V.オリーブオイル ── 適量

＊**大麦**／塩湯で18〜20分かけてゆで、湯をきったもの。

●あさりのブロードの作り方
鍋にあさり（小粒の殻付き）適量を入れ、水をひたひたに注いで強火にかける。沸騰したら弱火にし、アクを除いて20〜30分煮出す。ザルにペーパータオルを重ねて静かにこす。

作り方
1 金目鯛の両面に塩をふる。

2 鍋にあさりのブロードを入れ、中心に大麦を敷いて**1**の金目鯛を皮を上にしてのせる（**a**）。蓋をして強火にかける。

3 沸いたら中火にし、金目鯛の皮に煮汁をかけ（**b**）、蓋をして身に半分ほど火を入れる。あさりを加え（**c**）、再び蓋をして蒸し煮にする。あさりの殻が開き、金目鯛にも火が入ったら、青海苔を加える（**d**）。全体に混ぜて火を入れ、塩で味をととのえる。

● 水分が煮詰まった場合は随時、水を少量足して味と濃度を加減する。

盛り付け
器に大麦を煮汁ごと流し、金目鯛とあさりを形よく盛る。ハーブを飾ってE.V.オリーブオイルを垂らす。

イタリアではサラダやスープで使うことの多いオルツォ（大麦）。塩ゆでして柔らかくし、湯をきって使う。

Zuppa di pesce in padella
鮮魚のソテー、サフラン風味の魚介のスープ仕立て、クスクス添え

魚のアラと香味野菜で濃厚な旨みを引き出した魚介のスープ「ズッパ・ディ・ペッシェ」をお洒落なリストランテ仕立てにしています。スープにしっかり旨みをもたせることが一番重要な工程。白身魚や貝、甲殻類は別にソテーし、スープでさっと煮立てて仕上げます。クスクスは魚介のスープの定番の取り合わせ。

材料（2人分）
- 白身魚（切り身） — 2枚
- あさり（殻付き） — 6個
- ムール貝（殻付き） — 4個
- 海老（頭と殻付き） — 2尾
- たこ脚 — 1本
- サフラン — ひとつまみ
- 塩 — 適量
- E.V.オリーブオイル — 適量
- 魚介のスープ（作りやすい分量）
  - 白身魚のアラ — 1kg
  - 玉ねぎ（薄切り） — 1/2個分
  - にんじん（薄切り） — 1/2本分
  - セロリ（薄切り） — 1/2本分
  - パセリの軸 — 2本
  - ローリエ — 1枚
  - 水 — 適量
  - ホールトマト（缶詰） — 400g
  - 塩 — ひとつまみ
  - E.V.オリーブオイル — 適量
- クスクス（乾燥） — 100g
- 湯（クスクス用） — 100ml

準備
白身魚のアラをきれいに水洗いし、水分を拭き取って全体に塩をふる。200℃のオーブンで30分ほど薄く焼き色がつく程度に焼く。

作り方
1 魚介のスープを作る。鍋にE.V.オリーブオイルをひいて中火にかけ、玉ねぎ、にんじん、セロリをしんなりするまで炒める。準備したアラを入れて炒め合わせ、水をひたひたに入れて強火で沸かす。アクを取り、パセリの軸、ローリエ、ホールトマト、塩を加え、弱火で約1時間アクを除きながら煮る（**a**）。ザルに入れてつぶすようにこす。

2 ボウルにクスクスを入れ、分量の湯を注ぐ（**b**）。ラップをかけてしばらく蒸らす。

3 白身魚に塩をふる。フライパンにE.V.オリーブオイルをひいて中火にかけ、白身魚の両面をソテーする。海老とたこの脚も入れて両面を焼いたのち、あさりとムール貝を入れる（**c**）。
・魚は皮の面から焼き、身が反りやすいのでターナーなどでしっかり押さえて平らに焼き上げる。

4 1の魚介のスープを注いで強火で煮立て（**d**）、あさりとムール貝の殻が開くまで煮る。サフランを入れて軽く煮る。

盛り付け
器に白身魚とクスクスを盛り、魚介を形よく盛り込んで煮汁のスープをかける。

 a
 b
 c
 d

"Isaki" alla mugnaia
いさきのムニエル、ケイパーとレモンのソース

ムニエルは小麦粉をまぶしてバターで香ばしく焼く料理。白身魚ならたいていのものでおいしく作れます。
たっぷりのバターを溶かし、泡状になったものをくり返しかけることでやさしく火を入れるのがコツで、
ソース用の焦がしバターも思い切り色づけて風味を高めます。

材料(2人分)
いさき(三枚おろし) — 2枚(200g)
薄力粉 — 適量
バター — 40g
E.V.オリーブオイル — 20ml
塩 — 適量
ケイパーとレモンのソース
　バター — 20g
　ケイパー(酢漬け) — 20g
　レモン汁 — 1/2個分
　パセリ(粗みじん切り) — 適量
仕上げ
　パセリ(粗みじん切り) — 適量

作り方

1 三枚におろしたいさきは、胸びれや背びれのほか、尾びれも焦げやすいので短く切り落とす(**a**)。

2 両面に塩をふり、薄力粉をまぶす(**b**, **c**)。
・粉はたっぷりつけてから、しっかりはたいて余分な粉を落とす。

3 フライパンにバターとE.V.オリーブオイルを入れて中火にかけ、バターが溶け始めたら(**d**)、いさきの皮を下にして入れる。
・もともとはバターだけで作る料理だが、焦げやすいのでオリーブオイルと合わせる。

4 皮が縮んで身がそるので、最初はフライ返しで押さえて焼く(**e**)。
・バターが焦げそうになったら、一時的に火からはずすとよい。

5 身がそらなくなったらフライパンを少し傾けて油をため、スプーンでくり返しくっていさきにかけながら火を入れる(**f**)。
・バターは水分が蒸発して泡状になる。弱めの中火を保ち、焦がさないように。いさきにはさわらず、油をかけ続ける。

6 身の色が白く変わり、香ばしい焼き色がついてふっくらと膨らんできたら焼き上がり(**g**)。一瞬、裏に返して(**h**)、すぐに取り出して器に盛る。

7 〈ケイパーとレモンのソース〉フライパンに残った油を捨て、ソース用のバターを入れて強火で溶かす(**i**)。さらに茶褐色になるまで一気に焦がす(**j**)。
・フライパンに残った油には魚の水分が出て生臭みがあるので、新しいバターで作るのがコツ。

8 7にケイパー、レモン汁、パセリを加え、ジュワッと沸いたらすぐにいさきにかける。仕上げ用のパセリをふる。
・レモン汁が足りないと油っぽいだけの料理になるので、たっぷり入れて味を締める。

●ケイパーを使い分ける

ケイパーには、塩漬け(写真左)と酢漬け(右)の2種類がある。酢漬けは酸味のきいたさわやかな風味、塩漬けは塩味も強いが、旨みや香りにインパクトがある。日本では酢漬けの流通が多いが、料理によって使い分けたい。当ページのムニエルのように料理自体に酸味をきかせる場合は酢漬けを、アクアパッツァ(p.179)のように酸味を必要としない料理には塩漬けが向く。

Luccio di mare arrosto alle erbe
かますの香草焼きと焼き野菜

セコンドピアットの魚料理のなかで、もっともポピュラーなのが丸ごとの白身魚で作る香草焼きです。
ローズマリーやにんにくをはじめ、タイム、ディル、エストラゴンなどのフレッシュハーブを腹に詰め、
香りよくローストします。ここでは淡泊で柔らかなかますを、たくさんの野菜ときのことともに焼き上げました。

材料（2人分）

かます* —— 1尾
ローズマリー —— 2枝
にんにく（つぶしたもの）—— 小3片
かぼちゃ（厚さ1cmの厚切り）—— 2枚（40g）
れんこん（厚さ8mmの輪切り）—— 2枚（20g）
コールラビ*（1/8個分のくし形切り）—— 2個
紅芯大根*（扇形の薄切り）—— 2枚
かぶ*（1/4個分のくし形切り）—— 2個
しめじ（小房に分けたもの）—— 40g
まいたけ（小房に分けたもの）—— 40g
エリンギ（縦半割り）—— 1本分
塩 —— 適量
E.V. オリーブオイル —— 適量

***かます**／うろこを取り、内臓を取り出して水洗いをしたら、すべてのひれをはさみで短く切る。

***コールラビ**／茎の根元が肥大した形の野菜で、ブロッコリの茎を柔らかくした食感。

***紅芯大根**／小ぶりの丸大根で、内側が鮮やかな紅色。辛みが少なく、歯ごたえのよい生食向き大根。

***かぶ**／本書で使っているのは「あやめ雪」。甘みが強く柔らかで、茎の根元が薄紫色を帯びているのが特徴。一般的な白いかぶでもよい。

作り方

1 かますの両面に塩をふる（**a**）。えら蓋の下ににんにく1片を差し込み（**b**）、残り2片をローズマリーとともに腹に詰める（**c**）。15分ほどおいて塩味をしみ込ませ、浮いてきた水分をペーパータオルで拭き取る。

・えら蓋の下に入れたにんにくは、調理中に動かしてもはずれにくい。

2 フライパンにE.V.オリーブオイルをひいて強火にかける。表になる面を下にしてかますを入れ、強火のまま1分ほど焼く（**d**）。

3 硬い野菜（かぼちゃ、れんこん、コールラビ）をかますの横に入れ、薄く色づくまで焼いて裏返しにする（**e**）。塩をふり、色づくまで焼いて取り出す。

4 かますを裏返しにする（**f**）。残りの野菜ときのこ（紅芯大根、かぶ、しめじ、まいたけ、エリンギ）を入れて焼く（**g**）。軽く焼き色がついたら裏返しにし、塩をふって色づくまで焼く。

5 取り出しておいた**3**の野菜をフライパンに戻し、E.V.オリーブオイルをかける（**h**）。180℃のオーブンで5〜10分焼く。

盛り付け

器にかますと野菜、きのこを盛り合わせ、腹に入れたローズマリーを短く折りながらかますの上に散らす。E.V.オリーブオイルをかける。

焼いておいしい野菜ときのこを組み合わせる。火を通しやすくするために、薄切りや小房に分け、生のまま直接焼く。

Limanda e patate al forno
かれいとじゃがいものオーブン焼き

尾頭付きのかれいを塩とオリーブオイルだけで焼くオーソドックスなローストです。
淡泊で上品なかれいのおいしさが引き立ちますが、
じゃがいもを下に敷くと、かれいの焼き汁がしみて、じゃがいももまた美味。
かれいの皮は厚く、味がしみ込みにくいので、切り目を入れて塩を強めにふり、時間をおいてから焼き始めましょう。

材料（2人分）
かれい* ── 1尾（300g）
じゃがいも ── 1個
塩 ── 適量
E.V.オリーブオイル ── 適量
仕上げ
パセリ（粗みじん切り）── 適量

*かれい／1尾で手に入らなければ、骨付きの筒切りでも。身の厚いものを使う。

かれいの下処理
両面ともにうろこをひく。うろこが細かいので、繰り返し2回はひいてきれいに取り除く。胸びれの下から頭の付け根にかけて切り込みを入れ、えらと内臓を取り除く。流水でよく洗って血合いなどを洗い流す。

作り方
1 かれいのひれは焦げやすいので、すべてはさみで短く切り落とす。一尾丸ごとの場合は、火が入りやすいように、両面とも身の厚い中央に十字に切り目を入れる（**a、b、c**）。塩も両面に、やや多めにふって15分ほど時間をおいてしみ込ませる（**d**）。

2 じゃがいもは皮をむき、8mm厚さの輪切りにする（**e**）。

3 耐熱容器にE.V.オリーブオイルをひき、じゃがいもを敷いて、塩をふる（**f**）。かれいをのせてE.V.オリーブオイルをたっぷりかける（**g**）。
・かれいの表面がオイルで完全に覆われるくらいの量をかける。

4 220℃のオーブンで10〜15分焼く。

盛り付け
耐熱容器のまま食卓に出し、パセリをふる。

 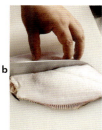  

INDEX

本書収録レシピを、[**アンティパスト**] 前菜やおつまみ、
[**プリモピアット**] パスタやニョッキ・米料理・スープ、[**セコンドピアット**] メインとなる料理の3つに分け、
それぞれ素材別にグループにして、索引としました。なお、数字は料理写真の掲載ページです。

アンティパスト Antipasto

● 野菜系

15 トマトのライス詰め、オーブン焼き
16 なすのソテー、オレガノとにんにく風味
50 ズッキーニのミント漬け
50 パプリカの酢漬け
50 しいたけの網焼き
66 バーニャカウダ
72 パンツァネッラ
76 オリーブの詰めもの、アスコリ風
78 カポナータ

● 魚介系

18 いわしのオレガノ風味
20 輪切りいかのフライ
21 いかとグリーンピースの煮込み
48 いさきのカルピオーネ
68 いわしと玉ねぎのイン・サオール
80 いわしのアーモンド衣焼き
128 真鯛のカルパッチョ、レフォールソース
131 さばのマリネ、ハーブオイル
132 いわしのマリネ、ねぎソース
134 海老とオレンジのマリネ、フェンネルソース
135 帆立貝とカルチョフィのマリネ、
　　 ミントと黒こしょうの香り
136 かつおのたたき、トマトとマジョラムのソース
138 帆立貝、オクラ、ケイパーのタルタル
139 まぐろのタルタル、卵黄とトリュフオイル
139 真鯛とフレッシュトマトの冷製パスタ
140 海の幸のサラダ
142 やりいかのボイル、サラダ仕立て
143 たこの燻製と黒オリーブ

144 穴子のグリル、焼きなすのピュレ、
　　 わさび風味
146 魚介のフリットミスト
148 帆立のフリット、やまいものピュレ添え
150 あじフライ 桜海老とフレッシュトマトのソース、
　　 ミント風味
150 あじフライ サルサ・ピエモンテーゼ、
　　 パセリ風味

● パン・米

52 サラメ・フレスコのパニーノ
70 ニョッコ・フリット
74 鶏レバーのブルスケッタ
74 トマトのブルスケッタ
82 アランチーニ

プリモピアット Primo Piatto

● ロングパスタ

22 車夫風スパゲッティ
23 サーモン入りウイスキー風味のスパゲッティ
57 ビゴリのトマトと野菜のソース
57 ビゴリのアンチョビバター
92 レモンのスパゲッティ
98 ブカティーニのアマトリチャーナ
100 スパゲッティ・カレッティエーラ
101 ケイパーペーストのスパゲッティ
152 スパゲッティのヴォンゴレ・ビアンコ
158 うにのスパゲッティ
160 からすみのスパゲッティ、焦がしバターソース
164 フェデリーニの冷製ペスカトーレ
166 鮎と枝豆のフェデリーニ、
　　 ジェノヴェーゼソース

- ● ショートパスタ
  - 26 ペンネの鶏レバーソース
  - 84 ピッツォッケリ
  - 86 生ハム、パルミジャーノ、
       バルサミコ酢のペンネ
  - 96 ブロッコリのオレッキエッテ
  - 156 パスタ・コン・レ・サルデ
  - 162 パッケリのペスカトーレ
- ● ニョッキ
  - 56 とても軽く仕立てたじゃがいものニョッキ、
       トマトソース
  - 90 リコッタとほうれん草のニョッキ、
       海老とトマトのソース
  - 94 小さなニョッキ、魚介ソース
- ● リーゾ＆リゾット
  - 53 脱穀人風のリーゾ
  - 56 太刀魚のリゾット
  - 168 海老とグリーンピースのリゾット
  - 170 かきのリゾット
  - 172 いかすみのリゾット
- ● スープ
  - 88 アクアコッタ
  - 89 チポッラータ

セコンドピアット Secondo Piatto

- ● 魚介料理
  - 28 生たらの漁師風
  - 29 さばのギリシャ風
  - 32 めかじきのソテー、ケイパー風味
  - 60 サーモンのマントヴァ風ソース
  - 106 たらの牛乳煮
  - 120 めかじきのソテー、美食家風
  - 122 真鯛のハーブ塩焼き
  - 174 金目鯛のアクアパッツァ
  - 178 あじと野菜のアクアパッツァ
  - 180 金目鯛のヴァポーレ、オルツォット仕立て
  - 182 鮮魚のソテー、サフラン風味の
       魚介のスープ仕立て、クスクス添え
  - 184 いさきのムニエル、ケイパーとレモンのソース
  - 186 かますの香草焼きと焼き野菜
  - 188 かれいとじゃがいものオーブン焼き
- ● 肉料理
  - 34 豚レバーのソテー、マルサラ酒とセージ風味
  - 35 豚肉ときのこのマルサラ風味
  - 38 酔っぱらいポーク
  - 40 鶏もも肉のカレークリーム煮、
       マッシュルーム添え
  - 53 自家製ミートボールと野菜の炒めもの
  - 61 鶏ささみ肉、にんにくとパセリ風味
  - 102 グリッシノーポリ
  - 103 ミラノ風カツレツ
  - 103 ボローニャ風カツレツ
  - 108 鶏もも肉の黒オリーブ煮
  - 110 牛ロースステーキ、白いんげん豆のトマト煮
  - 112 豚肉のソテー、キャベツとサルシッチャ
  - 114 仔羊のカッチャトーラ
  - 116 鶏肉とパプリカの煮込み、ローマ風
  - 118 ポルペッテのアグロドルチェ
  - 124 鶏胸肉のピカタ

日髙良実
Yoshimi Hidaka

東京・南青山「リストランテ アクアパッツァ」オーナーシェフ。1986年イタリアに渡る。ミシュラン名店で働き、トップシェフの薫陶を受けた後、イタリア郷土の味を研鑽すべく北から南まで14軒で修業。帰国後、1990年独立。魚介や野菜など日本の素材を活かしたイタリア料理を提唱。2020年のコロナ禍にYouTube「日髙良実のACQUAPAZZAチャンネル」をスタート。チャンネル登録者数は現在18万2000人。おうちイタリアンの伝道師として、TVなど各メディアで活躍、著書も多数。小社刊に『教えて日髙シェフ！最強イタリアンの教科書』、『一流シェフの低温調理器レシピ』(共著) がある。

リストランテ アクアパッツァ

住所	東京都港区南青山2-27-18 パサージュ青山2F
TEL	03-6434-7505
	https://www.acqua-pazza.jp
	ランチ 11:30〜15:00 (L.O. 14:00)
	ディナー 17:30〜23:00 (L.O. 20:30)
定休日	なし (ただし年末年始、メンテナンス休暇有り)

姉妹店
横須賀アクアマーレ

住所	神奈川県横須賀市鴨居4-1 横須賀美術館内
TEL	046-845-1260
	https://www.acquamare.jp

器協力

ヴェール／株式会社森山硝子店 Verre
　TEL 03-5721-8013　https://www.shop.verre.co.jp
ノリタケ株式会社
　TEL 0120-575571　https://www.noritake.co.jp
火風水 hifumi
　www.instagram.com/hifumi_table

Staff

調理	川合大輔、濱田翔希、田中大晴
ワインコラム	鈴木貴博、杉澤健太
撮影	合田昌弘
スタイリング	福田典子 (1章すべて、2章 p.144、148、166、180、182)
ブックデザイン	釜内由紀江、井上大輔 (GRiD)
DTP協力	株式会社 明昌堂
校正	株式会社 円水社
取材・文	河合寛子
編集	川崎阿久里 (世界文化社)

アクアパッツァ流
イタリアンを極める
日髙シェフのおいしい理由

発行日	2024年12月10日　初版第1刷発行

著者	日髙良実
発行者	岸 達朗
発行	株式会社世界文化社
	〒102-8187　東京都千代田区九段北4-2-29
	電話　編集部 03 (3262) 5118
	販売部 03 (3262) 5115
印刷	共同印刷株式会社
製本	株式会社大観社

©Yoshimi Hidaka, 2024. Printed in Japan
ISBN 978-4-418-24309-9

落丁・乱丁のある場合はお取り替えいたします。
定価はカバーに表示してあります。
無断転載・複写 (コピー、スキャン、デジタル化等) を禁じます。
本書を代行業者等の第三者に依頼して複製する行為は、たとえ個人や家庭内での利用であっても認められていません。

本の内容に関するお問い合わせは、以下の問い合わせフォームにお寄せください。

https://x.gd/ydsUz

本書第1章はすべて新規撮影のレシピ。第2章は2018年小社刊『「アクアパッツァ」日髙良実シェフが教える イタリア魚介料理レシピ』収録レシピから厳選、新たな料理を加えて再構成をしたものです。